西安外国语大学商学院学术著作出版基金资助

本书为国家自然科学基金面上项目（71972155）、陕西省创新人才推进计划-青年科技新星项目（2019KJXX-056）、陕西省社科基金项目（2018S46）、陕西省“特支计划”青年拔尖人才项目阶段性研究成果

外部负反馈影响下团队创造力的调控机理研究

耿紫珍 著

西安交通大学出版社
XI'AN JIAOTONG UNIVERSITY PRESS
国家一级出版社
全国百佳图书出版单位

图书在版编目(CIP)数据

外部负反馈影响下团队创造力的调控机理研究 / 耿紫珍著. — 西安 ：西安交通大学出版社，2020.4
ISBN 978-7-5693-1712-1

Ⅰ. ①外… Ⅱ. ①耿… Ⅲ. ①团队管理-研究
Ⅳ. ①C936

中国版本图书馆 CIP 数据核字(2020)第 057721 号

书　　名 外部负反馈影响下团队创造力的调控机理研究
著　　者 耿紫珍
责任编辑 王建洪

出版发行 西安交通大学出版社
（西安市兴庆南路 1 号　邮政编码 710048）
网　　址 http://www.xjtupress.com
电　　话 (029)82668357　82667874(发行中心)
(029)82668315(总编办)
传　　真 (029)82668280
印　　刷 西安五星印刷有限公司

开　　本 700mm×1000mm　1/16　**印张** 12.375　**字数** 244 千字
版次印次 2020 年 6 月第 1 版　2022 年 3 月第 1 次印刷
书　　号 ISBN 978-7-5693-1712-1
定　　价 75.00 元

发现印装质量问题，请与本社发行中心联系、调换。
订购热线：(029)82665248　(029)82665249
投稿热线：(029)82665379　QQ：793619240
读者信箱：xj_rwjg@126.com

前 言

随着知识经济时代向创造力经济时代的转化，团队作为一种兼具灵活性和整合性的组织形式，被频繁地运用在创造性想法产生中。然而，创造性想法的产生伴随着各种负面反馈，团队创造力是否受不同类型负反馈的影响？不同特性的团队受到的影响是否存在差别？团队意愿在这种影响中扮演着怎样的角色？这些问题仍然没有得到解决。针对已有负反馈研究对团队创造力关注严重不足、创造性情境下团队应对负反馈的调控机理未得到有效揭示的研究缺陷，本书通过理论剖析与实证分析，深入考察不同类型负反馈通过影响团队意愿作用于团队创造力的调控机理。

本研究区分了控制型负反馈和信息型负反馈对团队创造力的差异性影响，发掘了两种不同聚焦点的团队意愿——团队创造性效能和任务承诺分别在不同类型负反馈与团队创造力之间的中介作用；分析了合作目标相依性作为团队自身特性对负反馈与团队创造力之间关系的调节作用。为了验证假设，本研究开展了两轮实验研究。研究一采用熟悉任务背景，得到了由 291 名本科生模拟的 97 个团队的有效数据；研究二采用陌生任务背景，得到了由 267 名本科生模拟的 89 个团队的有效数据。假设检验结果表明所提出的假设大部分得到了验证。总体而言，本研究达到了预期的研究目的，发现了一些新的结论，对已有的团队层面的负反馈研究有所拓展，对提升团队创造力的管理实践具有一定的指导意义。

本研究中的创新性工作如下。

第一，发现了控制型负反馈对团队创造力的新颖性维度存在负向影响作用，仅在陌生任务背景下对团队创造力的有效性维度存在负向影响作用；信息型负反馈对团队创造力的新颖性维度和有效性维度均存在正向影响作用。现有关于负反馈影响团队层面结果变量的研究集中在团队绩效、团队有效性等传统结果变量方面，缺乏对团队创造力的关注；同时，已有文献大都单一地从目标控制的角度针对负反馈所引发的团队产出变化进行分析，缺乏对不同反馈提供方式所造成的认知效应的考察。本研究通过区分控制型负反馈与信息型负反馈在团队创造中引发的认知关闭提前与延迟，揭示了不同提供方式下的负反馈对团队创造力两个维度的差异性影响。

第二，发现了控制型负反馈对团队创造性效能存在负向影响作用，信息型负反馈则对任务承诺存在正向影响作用。已有文献大都没有考虑团队针对不同类型负反馈所做出的不同判断和归因，关于负反馈究竟影响何种团队意愿的问题还存在较大争议：有些学者认为负反馈会降低团队的效能，有些学者则认为负反馈会增加团队的承诺。本研究基于归因理论提出：在控制型负反馈下，团队会将负面反馈效价归因于自身效能的不足，从而降低对团队创造性效能的评价；在信息型负反馈下，团队会将负面反馈效价归因于任务中投入的不足，从而提升对任务的重视和承诺。实证结果表明，不同提供方式下的负反馈所引发的不同归因是解决负反馈与不同团队意愿之间关系的学术争议的关键。

第三，发现了团队创造性效能在控制型负反馈对团队创造力新颖性维度的负向影响作用中起中介作用，仅在陌生任务背景下控制型负反馈对团队创造力有效性维度的影响中起中介作用；任务承诺则在信息型负反馈对团队创造力两个维度的正向影响中起中介作用。现有关于负反馈通过团队意愿作用于团队结果变量的调控机理研究主要聚焦于团队效能，这可以启示我们做出控制型负反馈降低团队创造性效能，从而负向影响团队创造力的推论，却无法解释信息型负反馈的积极作用。本研究将聚焦于任务的团队意愿——任务承诺纳入团队应对负反馈的调控模型，强调它对信息型负反馈效应的传导作用。实证结果启示我们关注不同聚焦点的团队意愿分别在团队应对不同类型负反馈的调控机理中的作用。

第四，发现了合作目标相依性会削弱控制型负反馈对团队创造力新颖性维度的负向影响作用，这种调节效应受到团队创造性效能的传导，仅在陌生任务背景下削弱控制型负反馈对团队创造力有效性维度的负向影响作用；合作目标相依性仅在熟悉任务背景下增强信息型负反馈对团队创造力新颖性维度的正向影响作用，这种调节效应受到任务承诺的传导，还会增强信息型负反馈对团队创造力有效性维度的正向影响作用。现有团队层面反馈研究忽视了“成员同时持有相互依赖的个体目标和团队目标”这一团队特性对反馈效应所造成的影响。本研究结合社会相依性理论提出并解释了合作目标相依性作为团队本质特性在不同类型负反馈与团队创造力关系中的重要作用。这一研究结果说明负反馈对团队创造力的影响强度随着团队成员目标相互依赖程度的不同而变化，不同团队意愿则是传递合作目标相依性的调节作用的重要环节。

由于编者水平所限，书中难免有不足及错误之处，恳请读者和同行专家批评指正。

耿紫珍

2019 年 12 月

目　录

第一章

绪论

当今社会市场需求变化莫测、技术革新一日千里，知识经济时代开始向创造力经济时代转化[1]。仅仅依靠知识、信息和技术已经无法使组织获取足够竞争优势，新颖、有效的想法产生，即创造力，开始成为当代组织成长、发展并在竞争中取胜的重要保障[1-2]。于是，团队这种灵活、能够针对特定任务快速反应，又善于融合不同部门成员智慧和经验的组织形式被频繁运用来进行合作想法产生(collaborative idea generation)，以创造性地解决组织所面临的各种突发、复杂问题。

团队创造并不是一个封闭的过程，它伴随着外部的各种影响，特别是负面反馈(negative feedback)。团队外部的观测者，比如监管人、顾客、专家、行业权威等，都期望通过负反馈督促团队调控自身状态，提升想法和方案的创造性。然而，现实生活中，负反馈对团队创造力产生的效应相当不稳定。目前学术界尚未揭示不同类型负反馈作用于团队创造力的团队调控机理(team regulation mechanism)。因此，如何提供负反馈才能将团队意愿调整为最佳状态，使负反馈在适合的情境中发挥对团队创造力的作用，便成为组织管理实践和组织行为研究面临的重要挑战。

第一节 实践背景

一、团队成为合作想法产生的重要组织形式

近年来，全球组织管理实践中出现了两个趋势：一方面，组织中涌现的想法和问题解决方案的创造性日益重要[3-5]；另一方面，团队这种灵活的组织形式被越来越多地应用到想法和问题解决方案产生之中[6-7]。比如说，不同学科的科研、技术人员开始组成团队来攻克个人无法解决的、跨学科的重大创新、科技难题；不同部门的企业管理人员常常以团队的形式工作，以形成新颖、有效的策略帮助企业良好运转；不同专长的设计师们则组成团队，致力于开发更高水平、更复杂的设计方案和创意。

随着中国经济与全球经济的接轨，团队作为合作想法产生的重要组织形式也被越来越多地应用在中国的组织管理中。

首先，经济全球化的浪潮不断冲击着转型经济下的中国市场，这迫切需要中国企业不断促进组织内部新想法和新创意的涌现，以创造性地解决各种复杂问题，应对各种突发事件。然而，传统上集中的等级制组织形式无法满足针对特定问题快速、创造性响应的需求，依靠单个员工的分散力量又承担不了日趋复杂化、大型化的项目及其任务，相对而言，团队这种兼具灵活性和整合性的组织形式可以根据各种项目和任务的性质迅速地响应和攻关，提出更加新颖、有效的问题解决方案[8]。

其次，快速发展的市场和技术环境使得组织所面临的问题日趋复杂化、多元

化，仅仅依靠单一的知识、技能往往无法解决。在组织中，很多任务和难题的攻克都需要融合多学科的知识和经验，综合多样化的视角。但持有不同经验和技能的专业人员往往分布在多个部门，组织无法因为某个项目的需要而对这些专业人员进行频繁调职。这种情形下，团队就起到了网罗各种学科背景人才，融合多样化知识、信息和视角的作用，它不但能够集众人所长，创造性地解决各种复杂化、多元化的任务，在任务完成之后，又能够被快速解散，使得不同部门的专业人员回到原来的岗位上，从而避免了一系列由人事抽调引发的负担和争端[9]。

最后，团队促使其内部成员以任务为依托，在短时期内展开频繁的社会交互和认知交互。一方面，在任务协作过程中，团队成员之间广泛进行着有关信息、经验、资源、情感等方面的社会交换；另一方面，他们还针对完成任务的方法、途径以及任务本身特性、细节展开集体性的辨析、反思、建设性讨论等认知活动。伴随着这些社会活动和认知活动，团队中往往迸现出与任务相关的灵感和火花。我国流传已久的俗语“三个臭皮匠，顶个诸葛亮”就是对团队这种创造性想法激发功能的朴素而又幽默的形容。

二、外部的负反馈伴随着团队创造过程

团队一般都担负着在短时期内快速提出问题解决方案的使命，创造性想法的提出纵然激动人心，但在任务伊始，很难提出足够新颖、有效的想法来。作为一个开放的系统，团队在创造的过程中往往备受关注，它们与组织中的监管者、组织外部的顾客、专家等相关人员不断发生各种交流、互动，也接收着由外部人员所提供的与团队行为表现相关的信息，即外部反馈。在团队所提出的想法令外部观测者感到满意之前，来自外部的负反馈与团队创造过程如影随形。

在组织内部，监管者将提供负反馈作为激发团队创造力的重要手段。一方面，为了快速完成任务，组织一般会抽调各部门的骨干人员组成团队，这种情况下，团队内部就容易滋生骄傲、浮躁、唯我独尊的情绪。我国传统文化重谦戒骄，为了防患于未然，避免团队由于自身不稳定特性而导致的团队成员之间相互排挤、无法磨合的问题，组织监管者倾向于向团队提供负反馈，以此来警示团队成员，促使他们在任务中良好协作，坚持开拓和进取。

另一方面，团队拥有比较明确的任务周期，在这个周期结束之前，他们所得到的反馈往往呈现一种“校正式反馈”，即负反馈的形式[10]。虽然相对于负反馈，正反馈更容易使其接收者感到愉悦，但也更容易使接收者停留于现有产出状态，终止修改和完善活动，这并不是组织所期望的。在任务的最后期限到来之前，组织总是希望团队能够进一步改善其所提交的想法或者方案。于是，这种期望便由组织所指派的监管者通过负反馈来表达：监管者告知团队所提交的方案或绩效还不够好，并希望他们做出改动和进一步完善，即通过否定来校正团队表现。在组织监管者

看来，团队在时间 t 所表现出的创造力得益于时间 $t-1$ 的负反馈。

在组织外部，顾客、专家、行业权威等主体也在各种情形下、出于不同目的向团队提供负反馈。现代商业提倡通过个性化服务、定制性产品来更好地满足顾客需求，于是，在完成任务过程中，很多团队都在与顾客进行频繁接触。团队所处的任务环境具有动态特征，当团队与顾客沟通自己的想法时，任务环境与顾客需求可能发生变化。这种情形下，顾客就会提供负反馈，要求团队修改想法、创意及方案。一些团队成员反映，当遭遇到比较"挑剔"的顾客时，他们不断接收着"不满意""还不够好""差强人意""请继续修改""重做"等一系列负面反馈。

为了使组织在外部交流、竞争中成长，同时扩大组织在某些专业领域之内的影响力，一些组织常常指派团队参加行业内的方案竞标、创意竞赛等活动，这种情形下，团队所提出的想法、方案和创意常常遭到行业内权威、专家的否定，但这些来自外部的否定、负反馈同时也可能是激发团队创造力的契机。

综上所述，不论是作为组织校正团队行为表现的手段，还是作为团队与组织外部的利益相关者、观测者和评判者相互接触、沟通和交流的结果，各种各样的负反馈伴随着团队创造过程，从方方面面对团队创造力产生影响。

三、负反馈对团队的意愿和创造力的效应不稳定

组织期望运用负反馈来激发团队创造力，顾客、专家等期望通过负反馈督促团队改善创意和方案。然而，忠言逆耳，在组织生活实践中，负反馈对团队来说，并不总是"利于行"的，也就是说，负反馈所产生的效应相当不稳定，有时甚至会引发团队的消极反应。正如反馈领域研究学者们所描述的，在实际组织中，负反馈效应总是那样的不可捉摸[11-12]。

负反馈效应的不稳定性首先体现在：当反馈以不同方式（控制性方式或信息性方式）提供时，团队创造力变化差异很大。团队由持有不同技能的团队成员组成，容易在任务完成过程中各持己见，争执不下，有些负反馈在否定团队上一期表现的同时，为团队提供了有助于其发展和改进的中肯建议，这类来自外部的信息型负反馈从旁观者的角度、从组织宏观的角度对团队创造进行指导，一般都可以取得积极效果——团队参考了来自外部的建议、信息之后，在下一期任务中更加警醒、深思熟虑，会参考团队成员各种意见对所提交的想法、方案质量进行改善；但是另外一些负反馈不仅强硬地批评团队的错误，还勒令团队达到负反馈提供者所制定的标准，这类控制型负反馈具有强烈的约束性、掌控性，会导致团队在创造活动中束手束脚、保守封闭，提出的想法和方案的创造性每况愈下。一个典型的例子是申请基金资助的科研团队针对基金委专家负面评审意见的差异性反应：某些评审意见比较武断地否定了科研团队所提交的基金报告的选题和创新性，导致科研团队对自身研究领域产生怀疑，丧失掉"来年再战"的勇气，使团队创造力受到挫伤；另外一

些负面评审意见会提供有关基金报告在撰写、选题、方法等方面不足的信息，为改进科研团队的研究提供了中肯的建议，接收到这样的负反馈之后，科研团队一般不会气馁和产生动摇，而是在原有研究基础上再接再厉，继续修改基金报告，团队创造力得到提升。

我们还观察到，在不同类型的负反馈提供之后，在团队创造力受到影响之前，团队对自身创造性解决问题能力的判断（即团队创造性效能）、对高质量完成下一期任务的承诺（即任务承诺）等意愿会发生明显的变化，而这些意愿方面的调控可能正是团队所产生想法的创造性改变的原因。那些致力于向团队传递与改善行为表现相关的信息的负反馈，即信息型负反馈，会促使团队觉醒：他们或许低估了任务的难度与复杂性，也忽视了太多本可以深入挖掘的信息和细节，这种情形下，团队对任务的重视程度增强，他们急迫地期望改善工作质量，因此能够聚精会神地、纯粹地专注于任务本身。这种高度任务承诺的状态下，团队在任务中的参与度更高，对问题的认知处理更为深入，所提出的想法和方案也更为新颖、有效。控制型的负反馈则容易使得团队本身不稳定特性所带来的一些隐患暴露出来。相对于部门来说，团队的组建和解散比较灵活，团队内部很难形成稳固的关于团队自身创造性解决问题能力的判断，在那些以控制和约束团队行为表现为宗旨的负反馈，即控制型负反馈下，团队得不到有关前期失误原因的详细信息，又感受不到反馈提供者对创造活动的支持，成员的信心和士气极容易受挫，他们会否定团队创造性解决问题的能力，在完成任务的整个过程中状态低迷，甚至表达出破罐子破摔、消极怠工的现象，团队创造力随之被削弱。

除此之外，针对不同目标结构的团队，负反馈所产生的效应也有差别。团队成员有可能来自不同部门，在团队任务彻底结束之后，又可能回到这些部门中去，因此团队成员普遍同时持有个体目标和团队的共同目标。在这种情形下，团队内部的社会交换活动更多地由成员之间目标相互依赖的程度所决定。在那些个人目标与团队共同目标高度一致的团队中，如果遭遇控制型负反馈，成员不大容易表现出颓废、低迷的状态，团队创造力的下降也并不严重。如果接收到信息型负反馈，这类团队更容易团结一致地投入任务中去，他们彼此之间慷慨分享信息，还能通过高效的集体认知深入整合和处理信息，于是，团队创造力大幅提升。相反，对于那些个体目标彼此之间、个体目标与团队目标都严重不一致的团队来说，控制型负反馈很容易使团队变成一盘散沙，成员对于团队创造性解决问题的信心被摧毁，团队创造力严重受挫，即便接收到信息型负反馈，由于目标不相互依赖甚至相互冲突而导致的人心涣散、协作不良也会削弱由信息型负反馈所激发的对任务的热忱，以及这一类负反馈对团队创造力的积极影响。

因而，在组织管理实践中，组织领导常常感到困惑：到底采取什么措施，才能有效发挥负反馈对团队创造力的积极效应，降低其对团队创造力的消极影响？具体来说:组织是否应该提供负反馈？应该选择何种方式来提供负反馈？如何通过观测团队意愿的变化来预测不同类型负反馈对团队创造力产生的影响？如何调整团队目标结构来最大限度地发挥负反馈对团队创造力的积极影响,减少其对团队创造力的消极影响？至今为止,这些问题仍然是谜,也是创造力经济时代组织管理者所面临的重要挑战。

第二节 理论背景

团队创造不断受到组织监管者、顾客、行业专家等外部关联人所施加的影响,学者们呼吁从外部提升的角度关注组织情境、外部环境等对团队创造力的影响[13-14]。直至目前,反馈研究者已经针对负反馈对团队绩效、团队有效性等团队产出变量的影响进行了广泛研究,并且提出了团队接收到外部反馈后,通过调节自身意愿而改变团队行为和产出的调控范式[15],因此,与团队层面负反馈效应相关的研究便成为我们关注不同负反馈影响团队创造力的调控机理的理论背景。

一、团队层面负反馈研究对团队创造力关注不足

组织内的反馈研究最初起源于个体层面,学者们围绕组织中的个体针对外部反馈所做出的反应进行了大量研究,发现个体接收到不同类型负反馈后,在意愿、行为和产出等方面均发生差异性的变化,这些变化还受到个体特性的影响[16-20]。团队层面负反馈效应研究的进展相对缓慢,从 20 世纪 50 年代开始,学者们将针对团队的反馈所引发的效应与针对个体的反馈所引发的效应进行对比研究,后来围绕团队层面负反馈所引发的团队意愿变化、团队行为参与水平增减以及团队绩效变化进行了一系列研究,取得了有意义的研究成果。

而今,随着知识经济向创造力经济的转化,组织行为学各研究方向都掀起了关注创造性情境下的动机、意愿和产出的热潮。相比之下,反馈领域研究者针对创造性情境下的反馈效应,特别是负反馈对团队创造力所产生的效应,关注还远远不足。我们在 JSTOR、ProQuest、EBSCO 三个数据库中以及利用 Google 学术搜索引擎,以“团队(team)”“小组(group)”“反馈(feedback)”进行题名搜索,以“团队反馈(team feedback)”“小组反馈(group feedback)”进行精确词组搜索,搜索结果表明,直至目前,与反馈和团队创造力之间关系研究具有紧密联系的文献数量并不多。这些相关文献中,Joo 等人针对发展性反馈对团队创造力的影响进行研究,发现发展性反馈对团队创造力有正向影响,该研究关注了反馈性质对团队创造力的效应,但忽视了反馈提供方式的影响,甚至没有区分反馈效价,即正反馈与负反馈的差异性效应,在数据采集方式上,采取每个团队仅选择一个成员进行调研的方式

获得 228 份样本[21];Burns 等人发现了负反馈对教师团队问题解决效率的促进作用,但该研究属于教育管理领域,而且关注的是教师团队问题解决效率,并没有直接针对团队创造力进行研究[22]。可见,目前关于负反馈与团队创造力之间关系的研究不仅寥寥无几,而且已有研究也并没有有效解释负反馈对团队创造力的影响。

为何针对负反馈与团队创造力之间关系的研究如此匮乏?究其原因,首先,团队创造力研究本身处于起步阶段,早期针对组织中团队层面结果变量的研究主要关注团队产出(team productivity)、团队绩效(team performance)、团队有效性(team effectiveness)、团队创新(team innovation)等方面,而针对创造力的研究仅仅关注个体层面创造力的形成机理与影响因素。直至 20 世纪 80 年代,组织中的创造力研究奠基人 Amabile 号召学者们不要孤立地研究创造性想法产生的认知过程和思维模式,而要重视组织环境在创造性想法产生过程中的作用[23-24],学者们才开始关注团队构成、团队学习、团队过程等对团队创造力的影响。目前对团队创造力的研究远不如对个体创造力的研究,以及对团队绩效等其他团队结果变量的研究那样广泛、深入。其次,相对于正面反馈效价的相关研究来说,组织行为学对负面反馈效价本身的关注度不够。受西方积极心理学研究潮流的影响,近些年来心理学、组织行为学的研究都主要强调正面反馈的作用,认为绝大多数正反馈能够被愉悦地接受,且对接收者产生积极影响,而负反馈却可能削弱团队的效能、行为参与和产出,因此相对来说不受学者们关注[25]。最后,在研究方法方面,由于负反馈对团队创造力的影响存在一定的时滞性,因此横截面数据无法良好地反映负反馈所产生的效应,而通过跟踪研究收集长期数据又较为困难,这也妨碍了对负反馈与团队创造力关系的研究。

然而,上述三方面原因并不能成为我们在负反馈研究中忽视团队创造力的理由。首先,团队创造力逐渐成为组织理论研究和实践所关注的重要议题。随着环境变化,单枪匹马的个体创造无法完全满足组织需求,在团队层面,采用常规思路或方法解决问题不再是组织所面临的主要挑战,团队合作产生的新颖、有效想法逐渐成为组织竞争能力的源泉,因此在学术研究中,越来越多的学者开始关注团队创造力的形成机理和影响因素。其次,负面反馈仅仅意味着反馈效价为负,它所引发的效果不一定是消极的,有些研究发现负反馈可以提升团队的努力程度和产出[26-27]。团队中创造性想法或方案的产生不可避免地伴随着各种批评和否定。这些负面评价信息,也就是负反馈,对最终想法的新颖性和有效性产生复杂效应,我们有必要深入挖掘这种效应到底是积极的还是消极的。最后,在研究方法方面,可以采用实验研究的方法来有效考察负反馈通过影响团队意愿、行为而影响团队创造力的因果路径。总之,针对现有负反馈研究对团队创造力关注不足的状况,我们有必要针对负反馈与团队创造力之间的复杂关系进行深入的探索和考察。

二、区分不同类型负反馈为探索团队创造力提供了新思路

近年来，国内外关于团队创造力影响因素的研究氛围逐渐变得浓厚，学者们针对团队构成（性别多样性、个体创造模式多样性、成员交换、知识和技能多样性等）[28-31]、团队任务特征（任务规范、任务依赖等）[32-33]、团队活动（冲突、建设性辩论、团队学习等）[34-38]等因素的作用进行了各种定性、定量研究，发现了一些规律。团队自身构成、任务特征等因素决定了与团队创造性技能、专业技能相关的知识和信息的配备情况，团队活动决定了团队在创造过程中的活跃程度，它们是团队创造力的重要决定因素。然而，仅仅关注这些因素无法全面理解团队创造力的形成机理。组织中的创造力研究奠基人 Amabile 号召学者们不要孤立地研究创造性想法产生的认知过程和思维模式，而要重视组织环境在创造性想法产生过程中的作用[23-24]。Zhou 等人呼吁学者们对团队创造力影响机理的考察不要仅仅停留在内部激发的视角，而是要从外部提升的角度，去考察团队创造力的外部影响因素[13-14]。

比起使用常规方法解决问题，创造性地完成团队任务对团队成员信息处理的宽度和深度要求都更高。只有通过体系化、深层次的认知活动持续更新、处理信息，产生创造性想法，才能高水平完成这些任务。Zhou 等人在对团队创造力进行综述时还强调，学者们应该从团队认知的视角，针对团队创造过程中的认知活动和信息处理活动的影响因素进行深入考察[13-14]。同时，作为一个开放的系统，团队在创造过程中和组织中的监管者、组织外部的顾客、专家或行业权威等进行广泛互动，也不时接收到这些外部主体所提供的关于团队行为表现的反馈信息。在已经组建的团队中，团队的认知、意愿极易受到外界因素，特别是负反馈的影响。

反馈在本质上是一种与接收者行为表现相关的信息的传递。在一定的反馈效价下，存在不同的信息提供方式。由不同方式提供的外部反馈，特别是不同类型的外部负反馈，会对团队认知产生差异性的冲击作用。如果负反馈强调对规范和标准的达成，那么团队认知关闭会提前；如果负反馈关注完成任务的过程和途径，那么团队认知关闭会延迟。另外，与利用已有想法和方案解决问题相比，创造性想法的提出占据团队成员更多的时间、精力。团队是否愿意投入更多资源到创造活动中，这受他们感知到的外界支持与控制的影响很大。外部负反馈由不同方式提供时，会使团队感知到不同程度的外部支持或控制，影响团队的行为决策和想法质量，其作用值得关注。

根据反馈提供方式，负反馈可以区分为控制型负反馈和信息型负反馈两种类型[39]。首先，控制型负反馈更强调对团队行为表现所应该达到标准的控制，而信息型负反馈更强调为团队提供与改善其行为绩效相关的信息。控制型负反馈和信息型负反馈为团队提供的外部信息具有差异，控制型负反馈仅仅提供了与任务标

准相关的有限信息，而信息型负反馈所提供的是有助于改善团队任务绩效、打破团队固有认知和行为模式的信息，这使得团队创造可以利用的原始材料产生差异。其次，控制型负反馈倾向于使接收团队感知到外部力量对其行为表现的约束和控制，而信息型负反馈所传达的则是一种支持性、授权性的干预。最后，控制型负反馈强调结果，团队成员利用常识和经验解决问题后很快结束对信息的认知处理，而信息型负反馈强调过程，团队成员会对于任务有关的细节、方法、途径等进行深入搜索、挖掘和反思。由此可见，两种不同类型的负反馈可能对团队创造力产生不同的影响。在个体层面，有学者发现两种类型负反馈对个体行为和产出存在差异性影响。例如，Zhou 发现相对于信息型负反馈来讲，控制型负反馈更不利于个体的内部动机和创造性绩效[40]。在团队层面，虽然学者们通过关注团队构成、团队过程等因素与团队创造力的关系对团队创造力的形成机理和影响因素进行了大量研究，但是目前还没有研究针对不同类型的外部负反馈对团队创造力的影响进行深入探讨。

由此可见，根据反馈提供方式区分不同类型的负反馈，来考察它们对团队创造力的差异性效应，将使得现有关于外部组织环境、市场环境对团队创造力的影响研究取得新进展；而且，通过关注这些外部负反馈在团队创造过程中所造成的认知关闭/认知关闭延迟，还有助于我们从团队认知的角度更深入地揭示团队创造力的形成机理。也就是说，区分不同类型负反馈为学者们探索团队创造力提供了一条新的思路。

三、负反馈通过团队意愿作用于团队创造力的调控机理有待挖掘

泰勒的科学管理理论将组织内的员工视为“工具人”，认为只要组织向员工传达了达到特定标准的要求，员工就会极力达到这个标准；现代管理理论将“工具人”假设转变为“经济人”和“社会人”假设，开始关心管理对象接收到外部所传达的信息之后在意愿方面的变化，相应的，组织行为领域的学者们也开始研究组织内部的管理对象对外部反馈的差异性感知和反应。

根据自我调控理论（self regulation theory），当负反馈作用于它的接收对象时，首先会使接收对象对自身意愿、行为进行调控，然后改变接收对象的结果或者产出。学者们对个体层面的负反馈作用机制进行研究，发现接收到负反馈的个体会根据反馈信息进行比较和评价，在意愿方面做出调整后，行为和产出才受到影响[41-42]。DeShon 等人在自我调控理论的基础上发展出应对反馈的团队调控模型（team regulation model），认为团队接收到反馈之后，首先调整团队意愿（团队创造性效能、目标设置等），然后改变团队行为参与的程度，最终改善团队绩效[15]。

这种应对反馈的团队调控模型为研究不同类型负反馈对团队创造力的影响机

理提供了可用的范式——负反馈可能首先引发团队自身意愿的变化，而后才影响到团队创造力。然而，DeShon 等人所构建的模型在反馈所引发的团队意愿变化方面主要关注团队对集体效能的调整，以及集体效能所引发的目标设置等变化，这无法完全反映团队在创造性情境下接收到负反馈之后对自身意愿的调整[15]。一方面，创造性情境下，某些严厉的、控制性的负反馈很容易降低团队对自身创造性解决问题能力的判断，这种效能方面的调控又进一步引发团队创造力的变化，也就是说，是团队创造性效能，而不是已有团队调控模型中的集体效能传导了特定类型负反馈对团队创造力的影响；另一方面，在创造性任务中，团队成员并不仅仅关注自身效能的高低和目标达成与否，他们对任务本身就存在不带目的性的浓厚兴趣和投入愿望。这种承诺会受团队接收到的信息型负反馈激发，从而将信息型负反馈的影响传导给团队创造力，而已有的团队调控模型中缺少对聚焦于“任务”的团队意愿的关注，并不能够完全解释负反馈影响团队层面结果变量，特别是团队创造力的作用机理。

可见，要认识负反馈对团队创造力的影响机理，首先应该了解接收到不同类型的负反馈后，团队会将负反馈来源归因于自身效能的不足还是任务过程中的失误？团队会聚焦于“效能”降低自身的团队创造性效能，还是聚焦于“任务”提升自身的任务承诺？不同的团队意愿又如何将不同类型负反馈的效应传导给团队创造力？总的来说，负反馈通过团队意愿影响团队创造力的调控机理有待深入挖掘。

四、合作目标相依性作为团队本质特性的作用不容忽视

关于团队层面反馈效应的研究起步较晚。很多研究借鉴研究个体层面反馈效应的理论，如自我调控理论、自我提升理论等来研究团队层面的效应[15,43]，或者将个体层面的机制“映射”到团队层面，构建个体层面和团队层面相互对称的模型进行研究，对团队自身特性在反馈效应中的影响关注甚少[15]。采用这种推演的思路为团队层面负反馈效应研究贡献了一些基础性的知识，然而，团队作为区别于个体和小群体的一种组织形式，具有自身特殊的属性。采用与个体层面研究得到的类似逻辑来考察团队层面的效应，并不能完全解答团队层面负反馈作用机理中的种种谜团。

相依性是团队区别于个体和小群体最本质的特征[34-35]。合作目标相依性是指团队成员自身目标与其他团队成员个人目标、团队共同目标之间相互依赖的程度。社会相依性理论认为目标相依性决定了团队成员的交互模式，从而进一步决定了团队产出。激发型信息处理视角则认为合作目标相依性能够激发团队成员对信息的社会共享，从而与认知激发因素一起，作用于团队创造力。那么，对于不同目标结构的团队，如果接收到相同效价、相同类型的负反馈，它们所做出的反应是否类似？答案仍然有待探寻。团队内部的合作目标相依性作为一种重要的团队特性，对反馈效应可能产生影响。在团队中，每个成员都同时持有个体目标和团队目

标，当然，他们在个体目标的达成和团队目标的达成之间也存在一定的取舍[34-35]。如果个体目标和团队目标相容程度比较高，那么个体目标的达成也就能够促进团队目标，这就意味着团队成员能够团结一致，通过良好协作来应对负反馈。反之，如果个体目标和团队目标相容程度比较低，那么个体目标的达成和团队目标的达成是矛盾的，这就意味着团队在接收到负反馈之后可能产生协作不良，甚至冲突、分裂等后果。因此，合作目标相依性作为一种重要的团队特性决定了团队在接收到外界特定类型的负反馈之后，能在多大程度上抵御负反馈对团队创造性效能的打击，或者能在多大程度上团结一致投入任务质量的改善中去，以及影响到不同类型负反馈对团队创造力的作用强度。

可见，分析负反馈对团队创造力的作用机理，合作目标相依性作为重要团队特性的作用不容忽视。为了更全面地了解团队层面负反馈作用于团队创造力的团队调控机理，发现其区别于个体层面负反馈效应的作用规律，我们需要将合作目标相依性这种团队特性纳入团队层面负反馈效应的分析框架中，考察它到底是否对不同类型负反馈与团队创造力之间的关系造成影响，以及这种影响是如何产生的。

第三节　理论问题的提出和关键术语界定

一、理论问题

团队为组织在提出新颖和有效的想法、创造性解决问题方面带来优势和便利的同时，也为组织管理实践带来了新的挑战和难题，其中之一就是管理者对伴随着团队创造过程的各种外部负反馈所造成的团队意愿及创造力的调控的模糊认识。虽然近年来组织行为研究领域逐渐掀起研究团队合作想法产生（团队创造力）的热潮，同时，团队层面负反馈效应研究已经有了一定进展，但是，现有负反馈研究仍然缺乏对团队创造力的关注，负反馈影响其他团队结果变量的调控机理也并不完善，无法被直接借用来解释创造性情境下的负反馈效应。结合本研究的实践背景和理论背景，本研究需要解决的理论问题为：不同类型的负反馈如何通过影响团队意愿的调控而影响不同特性的团队的创造力？解决这一问题要回答以下 4 个具体问题。

1. 不同类型负反馈对团队创造力产生怎样的影响？

对于这一问题，由于现有团队层面负反馈研究缺乏对团队创造力的关注，已有关于负反馈影响其他团队层面结果变量的研究主要关注团队接收到负反馈之后针对目标差异的调整所引发的产出、绩效变化，而决定团队创造质量的认知活动却往往无法由目标的达成所激发，也就是说，不管是现有团队层面负反馈效应研究的结论，还是它们所采用的思路均无法对上述问题提供令人满意的解答。考虑到团队创造需要自主、宽松的环境，虽然信息型负反馈会给予团队支持性的信息与足够的自主性，但控制型负反馈却往往以约束团队为遵旨——不同提供方式下的负反馈对团队认知活动的影响可能大相径庭，研究团队创造力有必要区分不同反馈提供方式，本书拟基于反馈信息的提供方式将负反馈区分为控制型负反馈和信息型负反馈，来研究两种类型负反馈对团队创造力的差异性影响。

2. 不同类型负反馈对不同团队意愿产生怎样的影响？

对于这一问题，由于现有研究没有考虑团队针对不同提供方式下的负反馈所进行的不同判断和归因，仅仅倾向于根据前人研究结论选取几个可能受到负反馈影响的团队意愿，来探讨负反馈对它们的正向或负向影响，因此研究结论并不统一；同时，目前还缺乏在统一的理论框架下针对特定类型负反馈影响何种团队意愿的讨论，因此该问题并没有得到很好的解决。本书拟通过分析团队接收到特定类型负反馈之后对负反馈来源的特定归因，来解决特定提供方式下的负反馈影响到何种团队意愿，影响方向又如何的问题。

3. 不同类型负反馈如何通过引发团队意愿的调控而影响团队创造力？

由于现有研究过度关注基于"效能"的团队意愿在传导负反馈效应中的作用，而忽视了创造性情境下受到外部负反馈影响，随之会对团队创造力造成影响的团队意愿以及团队对任务本身的关注和承诺，因此现有关于应对负反馈的团队调控机理研究不能够全面地解释不同类型负反馈对团队创造力的差异性影响。为了回答这一问题，本书拟结合团队调控范式和归因理论，结合团队特性分析团队接收到不同类型负反馈之后基于"效能"和基于"任务"的不同归因与判断，对控制型负反馈和信息型负反馈分别通过团队创造性效能和任务承诺影响团队创造力的因果路径进行论证，以更好地揭示不同类型负反馈作用于团队创造力的团队意愿调控机理。

4. 当团队中存在不同程度的合作目标相依性时，不同类型负反馈对团队创造力的作用是否受影响？这种影响是否也由团队意愿所传导？

对于这一问题，首先，现有研究少有探讨合作目标相依性在团队层面反馈效应中所起的作用。在团队中，团队成员彼此之间个体目标的相互依赖程度，以及个体目标和团队目标的相互依赖程度是决定团队社会交互程度的主要因素。合作目标相依性作为团队最本质的特性之一，可能对负反馈与团队创造力之间的关系存在重要影响，因此，本书结合激发型信息处理视角和社会相依性理论，对合作目标相依性对不同类型负反馈与团队创造力之间关系中的调节作用进行研究，来探索团队层面负反馈效应是否受到合作目标相依性的影响。其次，考虑到不同水平的合作目标相依性下，不同类型负反馈对不同聚焦点的团队意愿的影响也会被加强抑或削弱，这种强化或削弱效应又被传导给负反馈对团队创造力的影响，也就是说，团队意愿可能传导了合作目标相依性在负反馈与团队创造力之间的调节效应。本书拟结合团队调控范式、归因理论和社会相依性理论，考察不同团队意愿对合作目标相依性的调节效应的中介作用，以期解释合作目标相依性对创造性情境下团队层面负反馈效应的影响。

二、关键术语界定

1. 反馈效价

反馈(feedback)是反馈提供者传递给接收者的信息，这些信息跟接收者过去某一个时期的行为表现相关[44]。反馈效价(feedback value)是指反馈信息对于接收者的行为表现是否达到特定标准的判断，如果超过了这个标准，就是正反馈(positive feedback)；反之，如果没有达到这个标准，就是负反馈(negative feedback)[45-46]。比如，如果团队接收到这样的反馈，即"团队的表现超出了组织的预期"，这就是一种正反馈，而"团队的表现没有达到组织的预期"，则是一种负反馈。

衡量反馈效价的标准可以是反馈提供者所设定的标准，也可以是和其他竞争者相比，反馈接收者的排名情况，比如有些学者在研究中通过告知接收者"总体上，你们的排名靠前"来提供正反馈，而通过告知接收者"总体上，你们的排名靠后"来提供负反馈[47]。还有学者将反馈接收者的预期作为衡量正反馈和负反馈的标准，认为如果反馈结果超出了接收者的预期，那么就属于正反馈；相反，如果反馈结果没有达到接收者的预期，那么就属于负反馈[27]。

2. 反馈方式

反馈方式(feedback style)是指反馈提供者以何种方式、何种风格向反馈接收者传递和表达反馈信息。根据提供方式，反馈可以区分为控制型反馈(controlling feedback)和信息型反馈(informational feedback)两种类型[39]。

控制型反馈在传递反馈效价的同时，还告知反馈接收方必须达到一定的标准和水平，这种反馈将明确的约束和限制强加于反馈接收方，强调反馈提供者的要求和期望，而且多以命令的方式给出。信息型反馈并不对反馈接收者进行约束和限制，也不会强行规定接收者的行为表现必须达到特定标准，这种类型的反馈旨在为反馈接收方提供有关任务完成情况和如何改善这种情况的信息。相对于控制型反馈来说，信息型反馈不但为接收者提供了额外的有助于接收者进行学习、发展和提升的信息，还会避免将外在的意志强加于接收方，它总是以一种建议而非命令的方式给出。

3. 团队

团队(team)的定义为"由两个或者以上的人员所组成的集体，在这个集体当中，人们进行动态地、相互依赖地、相互适应地交互，扮演各自的角色，发挥特定的功能,并朝着一个共享的目标或者使命而努力”[48]。我们研究的对象是组织中的团队,它们嵌入组织环境中,其边界由组织所决定,行为受组织约束,但同时也与组织内外部其他主体发生联系[49]。团队与传统部门(department)的区别主要体现在成员数目、灵活性和成员之间的相互依赖性三方面[50]。有些学者认为团队成员的上限为 16 人[51],有些学者认为团队成员的上限为 50 人[52],可见团队至多拥有几十个成员,但是部门成员则可以多达上千人。团队相对部门来说,其组建和解散都更灵活,而且团队最本质的特征体现为成员之间的相互依赖性,个体之间、小群体内部成员之间、部门成员之间则缺少这种紧密的联系。

4. 合作目标相依性

相依性是团队区别于个体、小群体、部门的本质特性,指团队成员彼此之间相互依赖的程度[53]。相依性可以体现在任务方面,也可以是目标、报酬或者反馈方面。目标相依性是指团队成员彼此之间的目标相互依赖的程度,而另一个经常被研究者们关注的相依性是任务相依性,它指团队成员之间在任务协作方面相互依赖的程度,与目标相依性的区别很大,不允许被混淆。

有学者将目标相依性区分为积极的目标相依性(合作目标相依性,cooperative goal interdependence)、消极的目标相依性(竞争目标相依性,competitive goal interdependence),以及目标不相依(independent goals)[54-55]。合作目标相依性是指团队成员的个体目标之间、个体目标与团队目标之间呈积极相关的、合作性的相互依赖的程度,也就是当团队成员达到个体目标的时候,在多大程度上能够促进其他团队成员目标的达成以及团队共同目标的达成[56]。竞争目标相依性是指团队成员的个体目标之间、个体目标与团队目标之间呈消极相关的、竞争性的相互依赖的程度。目标不相依是指团队成员的个体目标之间、个体目标与团队目标之间并不相互依赖。

在合作目标相依性比较高的情形下,整个团队持有一种合作性的目标结构,团队成员之间能够进行友好的协作和交互,最终影响到团队结果。合作目标相依性比较低的情形下,团队可能处于不相依的目标结构,即团队成员认为个人目标的实现和其他成员个人目标、团队共同目标的实现不相关;也可能处于一种竞争性的目标结构,即每个人都认为只有其他团队成员无法实现他们的目标时,自己的个人目标才能实现。在这两种情况下,团队成员之间合作性的交互会减少,甚至会进行恶性竞争,最终的团队产出也会受到削弱。但是需要注意的是,合作目标相依性和竞争目标相依性并不是两个相反的极端,一个团队可能同时存在较低的合作目标相依性和较低的竞争目标相依性——这种情形下可能是不相依的目标结构,也可能同时存在比较高的合作目标相依性和比较高的竞争目标相依性——这种情形在团队存在多个任务、多个目标的时候比较常见,团队成员在某一系列任务、目标方面是合作性的,但在另一系列任务、目标方面是竞争性的。

5. 团队调控

团队调控(team regulation)是指团队通过自我监察和外部反馈，觉察出一定差异之后，根据这些差异对自身意愿(比如效能评价、目标设定、任务承诺等)、行为(比如努力程度、策略制定)所进行的调整，这些调整最终会导致团队产出的变化[15]。

团队调控的概念是在自我调控(self-regulation)的基础上发展起来的。团队调控始于团队对自身意愿的调整，终于产出的变化。

6. 团队意愿

团队意愿(team intension)泛指团队的态度、动机、效能、承诺等意识层面的反应[57]。本研究所涉及的团队意愿涉及聚焦于“效能”的团队创造性效能和聚焦于“任务”的任务承诺两种。团队创造性效能(team creative efficacy)是指为团队成员所共享的关于团队产生创造性想法的能力的判断[29]。这种判断可能来源于团队内部的信息，如团队成员的专业技能水平，也可能源于团队外部的信息，如外部的负反馈。任务承诺(task commitment)是指为团队成员所共享的关于高质量完成任务的期望，以及将在多大程度上投入任务当中的意愿。任务承诺聚焦于任务以及与任务相关的程序、方法和途径本身[58]。任务承诺比较高的团队能够从完成任务的过程中得到乐趣，这种乐趣与目标是否达成、效能高低均无关。

7. 团队创造力

创造力(creativity)是指新颖和有效的想法产生[28]。团队创造力(team creativity)是指由团队成员共同合作所产生的想法与现有想法相比的新颖程度和有效程度[59]。团队创造力内涵包括三方面内容：第一，团队创造力是一种特殊的团队产出，它主要针对团队所提出的想法，而不涉及这些想法实施后所实现的创新成果和市场绩效；第二，这种想法是通过团队成员之间的社会交互和认知交互，在团队成员的共同努力下产生的，这也是团队创造力区别于个体层面创造力的主要方面，因此团队创造力并不是个体创造力的加总；第三，团队所提出的想法必须既具新颖性(novelty)，又具有效性(meaningfulness)。新颖性是指团队所提出的想法与现有解决问题的常规想法相比的新奇性和灵活性，有效性是指团队所提出的想法能够被组织付诸实施的可能性以及实施以后可能的生效程度。由于团队创造力一般由团队成员合作产生想法的新颖性程度和有效性程度来衡量，而团队对想法的新颖性的满足途径和对有效性的满足途径具有一定差异[60]，因此我们将团队创造力区分为新颖性维度(the novelty dimension)和有效性维度(the meaningfulness dimension)来进行研究。

第四节 研究内容和研究框架

一、研究内容

1. 不同类型负反馈对团队创造力的差异性影响

基于激发型信息处理视角，通过分析控制型负反馈和信息型负反馈在团队创造中造成的认知关闭或认知关闭延迟，提出两种类型负反馈对团队创造力的差异性作用。

首先，本书拟基于反馈信息的提供方式将负反馈区分为控制型负反馈和信息型负反馈，来研究两种类型负反馈对团队创造力的不同影响；其次，由于团队创造力通常用团队所产生想法的创造性来衡量[28,61]，而创造性想法必须兼具新颖性和有效性[24]，本研究拟将团队创造力区分为新颖性维度和有效性维度；最后，通过在不同任务背景下(熟悉任务背景和陌生任务背景下)进行实验设计、数据收集、统计分析来考察两种不同提供方式下的负反馈对团队创造力不同维度的影响是否具有差异性，这种影响在不同任务背景下是否具有稳定性。

2. 不同类型负反馈分别对不同聚焦点的团队意愿的影响

基于归因理论，结合团队特性分析团队接收到不同类型负反馈之后基于“效能”和基于“任务”的不同归因，考察控制型负反馈和信息型负反馈分别对不同团队意愿的差异性影响。

现有关于负反馈影响团队意愿的研究未区分不同类型负反馈的差异性作用，导致关于负反馈对各种团队意愿的影响方向的研究结论尚存在争论，而且研究体系杂乱，学者们各自关注不同的团队意愿，没有形成统一的理论框架。本研究拟基于归因理论，结合团队特性对团队接收到控制型负反馈和信息型负反馈后分别基于“效能”和“任务”的不同归因进行分析，提出并检验控制型负反馈与信息型负反馈分别对团队创造性效能、任务承诺的不同影响。

3. 团队意愿对不同类型负反馈与团队创造力关系的中介作用

基于团队调控范式和归因理论，结合团队特性考察团队创造性效能和任务承诺分别作为两种不同聚焦点的团队意愿，在不同类型负反馈与团队创造力关系之间的中介作用，以期揭示不同类型负反馈影响团队创造力的调控机理。

现有研究过度关注聚焦于“效能”的团队意愿在传导反馈效应方面的作用，没有考虑到团队在创造过程中的意愿还涉及对任务本身的承诺，这种任务承诺易受外界负反馈影响，也对团队创造力产生影响，忽视了聚焦于“任务”的团队调控模型不能够很好地解释创造性情境下不同类型负反馈对团队创造力的差异性影响。本研究拟基于团队调控范式和归因理论，在现有团队层面负反馈效应影响团队结果变量的团队调控模型的基础上发展出基于“效能”的团队创造性效能的调控，添加了聚焦于“任务”的任务承诺的调控，分析并论证团队创造性效能和任务承诺分别在控制型负反馈和信息型负反馈影响团队创造力的路径中的中介作用。

4. 合作目标相依性对不同类型负反馈与团队创造力关系的受中介的调节作用

结合社会相依性理论，考察合作目标相依性分别对不同类型负反馈与团队创造力关系的调节效应，以及不同聚焦点的团队意愿——团队创造性效能和任务承诺分别对合作目标相依性对控制型负反馈与团队创造力之间关系的调节效应，以及合作目标相依性对信息型负反馈与团队创造力之间关系的调节效应的中介作用，以期发现合作目标相依性对负反馈效应的影响，并对这种影响的产生机理做出解释。

由于现有负反馈研究少有探讨合作目标相依性在团队层面反馈效应中所起的作用，而合作目标相依性作为团队最本质的特性之一，又可能对负反馈与团队创造力的关系存在重要影响。本研究拟结合激发型信息处理视角和社会相依性理论，分析合作目标相依性在不同类型负反馈与团队创造力之间关系中的调节效应。另外，已有的关于应对负反馈的团队调控机理研究缺乏对团队特性调节效应的解释，而不同聚焦点的团队意愿不仅可能传导了本研究中负反馈对团队创造力的主效应，还可能传导了合作目标相依性对主效应的调节效应，因此，本研究结合团队调控范式、归因理论和社会相依性理论，对不同聚焦点的团队意愿在合作目标相依性的调节效应中的中介作用进行分析，提出相应的假设，并通过两轮实验研究检验合作目标相依性作为重要的团队特质因素在不同类型负反馈与团队创造力之间关系中的调节效应，以及这种效应是如何通过团队意愿的调控而产生的。

二、研究思路

本研究立足于团队创造所面临的现实问题，基于激发型信息处理视角、团队调控范式、归因理论及社会相依理论，试图建立不同类型负反馈、合作目标相依性、不同聚焦点的团队意愿及团队创造力的理论模型，探讨不同类型负反馈作用于不同特性团队的创造力的调控机理，提出相应的研究假设，通过实验研究和问卷调查进行实证分析，最后讨论研究结果，并指出研究的理论意义和实践指导意义。整体研究框架如图 1－1 所示。具体的章节安排如下。

第一章：绪论。本章阐述研究的实践背景和理论背景，分析当前团队层次负反馈效应研究中存在的问题，归纳并界定本书的研究问题和关键术语，提出本书的研究内容和思路框架。

第二章：理论基础和文献综述。本章分别就负反馈的内涵和类型，团队层面负反馈效应研究的渊源，负反馈影响团队结果变量以及团队意愿在这种影响中的调控机理相关研究，不同类型负反馈与团队创造力之间关系的理论基础，团队意愿中介作用的理论基础，合作目标相依性的内涵及相关理论基础进行综述，在总结前人研究且指出已有团队层面负反馈研究不足的基础上，阐述本书的研究方向和理论基础。

第三章：概念模型及假设提出。本章基于激发型信息处理视角、团队调控范式、归因理论和社会相依性理论，结合团队特性分析论证不同类型负反馈对不同特性（不同程度的合作目标相依性）的团队创造力的差异性影响，以及不同特性的团队应对负反馈的团队意愿（团队创造性效能和任务承诺）调控机理，建立本研究的概念模型并提出相应的研究假设。

第四章：熟悉任务背景下负反馈影响团队创造力的调控机理（研究一）。本章针对熟悉任务背景下负反馈影响团队创造力的调控机理进行实验研究，首先介绍实验方法、实验程序、实验任务、参与者、变量操纵与度量、数据分析中所用到的统计方法等（包括方差分析、多元回归分析方法、中介效应检验方法、被中介的调节效应检验方法等），然后根据实验所得数据对主要变量进行操作检验、聚合分析、信度与效度分析，最后对模型中的假设进行检验。

第五章：陌生任务背景下负反馈影响团队创造力的调控机理（研究二）。本章针对陌生任务背景下负反馈影响团队创造力的调控机理进行实验研究，首先介绍区别于研究一的实验任务、参与者、变量操纵等，然后根据实验所得数据对主要变量进行操作检验、聚合分析、信度与效度分析，最后对模型中的假设进行检验。

第六章：结果讨论。本章对两轮实验研究的结果进行讨论，并指出研究结果对理论研究与管理实践的意义。

第七章：结论及展望。本章总结了本书的结论及创新点，提出了研究局限，以及未来需要进一步研究的内容。

全书结构安排和主要内容如图 1-1 所示。

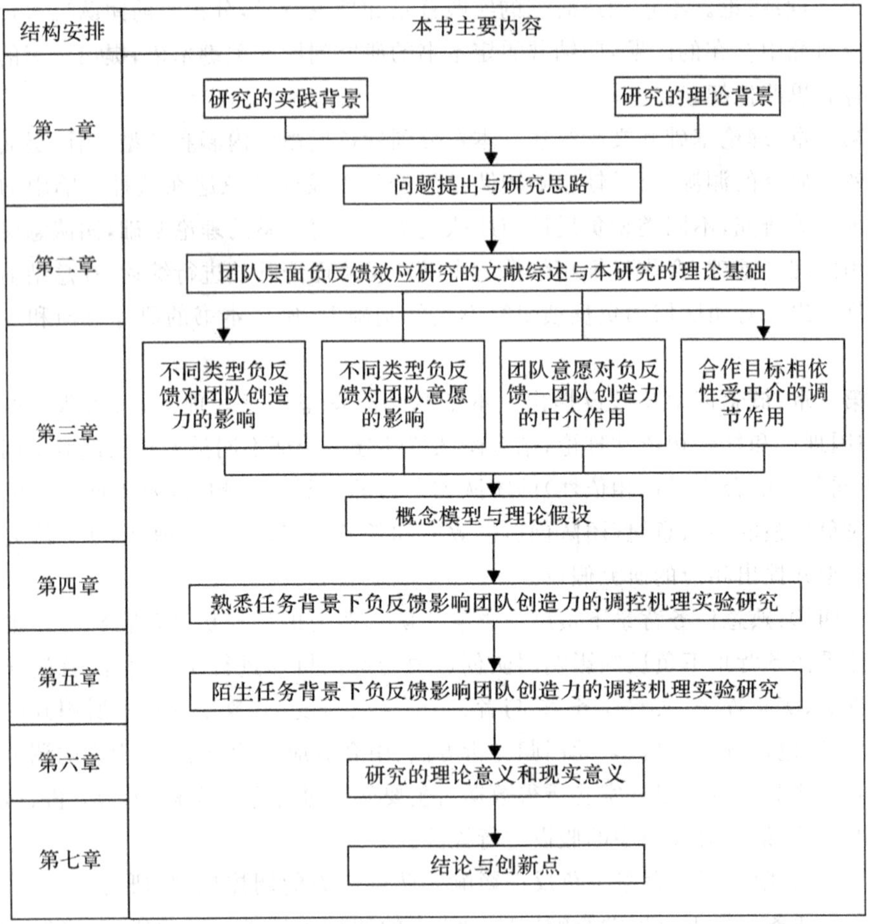

图 1-1　本书研究内容与结构框图

第二章

理论基础和文献综述

已有负反馈效应文献探讨了一系列极其重要而有意义的问题，结合本书的研究内容，我们首先对本书涉及的基本概念及其相关理论进行阐述，为概念模型的构建和假设的提出奠定理论基础。然后在论述团队层面负反馈效应研究起源的基础上，将团队层面负反馈效应的发展梳理为两条主线，一条研究主线是关于负反馈对团队层面结果变量的影响；另一条研究主线是关于团队应对负反馈的调控机理，主要关注负反馈如何通过影响团队意愿作用于团队层面结果变量。我们针对与这两条研究主线相关的文献进行综述，目的是阐明本书相关研究的主要内容，通过对已有研究结论的分析、比较和整合，来发现已有研究存在的问题，并引出本书所进一步研究的方向。

第一节　基本概念

一、负反馈

1. 负反馈的内涵

反馈是 20 世纪 20 年代出现在工程技术领域的专业名词，1948 年，控制论的提出者 Wiener 把反馈从工程技术扩展到社会管理领域，指出反馈是指控制系统将信息输出，将其作用结果接收回来，把结果与原有的目标进行比较和对照，然后调节信息地再输出，整个过程起的是调节和控制的作用[62]。组织行为学研究对反馈的关注可以追溯到 20 世纪 50 年代，Ilgen 等人给出的反馈定义比较具有代表性，他们将反馈视为一般沟通过程的特例[63]，在这种沟通过程中，反馈提供者（反馈源）将信息传递给反馈接收者，所传递的信息必须包含有关接收者的信息。后来，学者们针对反馈提出了多种不同的定义。比如，London、Beatty 认为反馈是关于特定行为、时间和过程的评估性的、校正性的信息传达[64]。Levy 等人将反馈定义为工作环境中，一系列关于其接收对象达标程度的有用的信息，这些信息会将组织所期望的行为表现，以及用来评估这些行为表现的标准传达给接收对象[65]。Mcfillen则陈述道，反馈就是个体或组织所接收到的关于他们行为、产出以及这些行为和产出与特定标准或期望符合程度的信息[66]。综合组织行为学领域对反馈定义的观点，我们认为反馈的本质是一种信息的传递，主要由三部分组成：反馈源（反馈提供者）、所传送的反馈信息、反馈接收者，反馈的特点在于所传递的信息与反馈接收者行为表现的评估相关。

学者们普遍认为，在提供反馈干预的过程中，应该有意识地对反馈效价（feedback value）加以选择。反馈就其效价来说可以分为正反馈（positive feedback）和负反馈(negative feedback)[45-46]。需要注意的是，组织行为学研究关于正反馈与负反馈的界定与工业技术、控制论中的界定具有较大差异。工业技术中使用正反馈使系统振荡，使用负反馈来稳定系统和减少失真。控制论则认为，如果反馈信息与原有输出信息作用方向一致，能够加强信息地再输出，那么这种反馈就是正反馈；如果反馈信息与原有输出信息作用方向相反，能够减弱信息地再输出，或者使信息地再输出发生变更，那么这种反馈就是负反馈。在组织行为学研究中，正反馈传达出了有关接收者的行为表现达到了特定标准的信息，是对接收者的行为、过程、结果、绩效等进行肯定和赞赏的反馈；而负反馈则传达出了有关接收者的行为表现没有达到特定标准，是对接收者的行为、过程、结果、绩效进行的否定和批评。

在研究中，学者们判断反馈对象接收到的反馈效价的标准存在很大差异。一些学者认为判断反馈效价的依据是接收者感知到他们的行为或产出是否达到组织标准。正反馈使接收者感知到他们的行为或产出超越了组织标准，负反馈使接收者感知到他们的行为或产出没有达到组织标准，例如，Zhou 在研究反馈类型对创造性的影响时，给予的正反馈就是告诉被试他的反应很有创造性，而给予的负反馈则是告诉被试他的创造性不强[40]；另外一些学者认为应该以反馈接收方的预期为衡量标准，正反馈使接收者感知到他们的行为或产出评估结果超出了他们自身的预期，而负反馈则相反，使接收者感知到他们的行为或产出评估没有达到自身的预期，例如，Lant 和 Hurley 采用“是否达到接收者的预期”来衡量反馈效价[27]；第三类研究则以反馈接收者在其竞争者中的相对排名为衡量标准，如果反馈使接收者感知到他们的排名靠前，则反馈属于正反馈，如果反馈使接受者感知到他们的排名靠后，则属于负反馈，例如，Philo 通过告诉接收者他们的排名靠前来提供正反馈，而通过告诉接收者他们的排名靠后来提供负反馈[47]。

由于目前学术界缺失创造力情境下的负反馈效应研究，而负反馈又是组织生活中一种极常见的调控团队创造力的手段，因此，本研究主要针对负反馈进行。综合上述关于反馈内涵与效价的分析，我们将负反馈的内涵界定为：反馈提供方向接收方所提供的信息，这些信息对接收方行为表现做出负面评估，反映出接收者的行为表现未达到特定标准(组织的标准、接收者的预期、靠前的排名等)，属于对接收者行为表现的一种批评和否定。

2. 负反馈的类型

同样的效价下，反馈可以通过控制方式或者信息方式来提供。因此，学者们便根据表达和提供的方式，将反馈区分为控制型反馈(controlling feedback)和信息型反馈(informational feedback)[39]。控制型反馈强调外界的要求和期望，比如告诉反馈接收方必须达到的标准和水平，它会使接收方感觉到自己是被控制的。信息型反馈并不强调外界的要求和限制，而且为反馈接收方提供有关任务完成情况，以及如何改善任务完成情况的信息，它使接收方拥有支持感和自主权。Pittman等和Ryan最早在他们的研究中区分了控制型反馈和信息型反馈的效应[39,67]，随后，学者们开始将控制性反馈和信息型反馈作为两种不同的反馈类型进行考察[14,40]。下面我们针对控制型负反馈和信息型负反馈的不同特征和效应进行详细论述。

1)控制型负反馈

Ryan指出[39]，当反馈在一种施压的气氛下传递的时候，比如告诉接收者："你们必须做得更好"，这就是控制型反馈。控制型负反馈是指以一种控制性、约束性、强调对接收者行为表现的要求甚至命令的方式所传达的负反馈。在否定反馈对象行为表现的同时，控制型负反馈会要求反馈接收对象在下期任务中必须达到特定的标准，而且这种要求多以命令、祈使的表达方式给出。

控制型负反馈具有以下特征：第一，关于接收者之所以得到负反馈的原因不做任何解释，控制型负反馈仅仅简单地告诉接收者他们做错了，而不会提供任何具体有效信息，也不会对下一步如何改进提供任何可行的建议；第二，要求接收者在后续任务中达到特定标准，控制型负反馈的施予者一般不会考虑接收者的意愿、情感，而是将反馈接收者视为机械的行为调节对象，认为只要他们接收到负反馈，就会照着反馈提供者所要求的标准进行，直到达到目标为止，比如Pittman等在他们的实验研究中就通过仅仅告诉接收者他们做得好不好[67]，要求接收者在下轮数据收集任务中做得更好，以便他们所收集的数据能够得到使用来提供控制型负反馈；第三，控制型负反馈还会表达出限制、约束接收者行为表现和自主性的意志，比如Shalley在研究中向被试提供控制型反馈的时候就告诉受试者，他们在下轮任务中的表现会受到严格监控[68]；第四，控制型负反馈会让接收者感到一定的压力，这是因为这种类型负反馈常常被反馈提供者以一种强硬的、严厉的态度给出。

有些学者认为，由于控制型反馈没有向接收者提供有助于他们理解动态环境的相关信息，使得接收者无法全面了解组织所处环境以及组织与环境之间的交换关系，对于接收者行为和产出水平的改善帮助不大[67]；另一些学者认为，由于控制型负反馈倾向于将外部意志强加于反馈接收方，对接收者的行为进行约束和限制，对接收者的产出水平进行强行规定，因此很容易降低接收方的自主性，使得他们的活动参与水平下降[40]。在个体层面，控制型负反馈的消极效应在各种研究情境下被证实。比如，Pittman等人发现控制型负反馈会降低任务参与水平[67]，Ryan发现对个体的行为施加控制性的约束会降低他们的内在动机和创造性绩效[39]。另外，Shalley发现对控制性评估的预期会伤害实验参与者的内在动机和创造性绩效[68]。由于团队层面负反馈研究本身比较匮乏，所以目前还缺乏对于团队层面控制型负反馈效应的讨论。

2)信息型负反馈

Ryan 还指出，当反馈以一种支持自主性(autonomy)的方式给出时，它就更倾向于信息型负反馈[39]。信息型负反馈虽然也否定了接收方前期的行为表现，但是这种负反馈致力于为反馈接收方提供有助于他们改善行为表现的信息，而且避免将外在的意愿和标准强加于反馈对象。不同于控制型负反馈强硬的表达方式，信息型负反馈多以一种建议性而非命令性的表达方式提供。

信息型负反馈提供能够帮助反馈接收方在任务中进行学习、发展和提升的信息，这些信息通常包括以下几方面：①任务信息，即与任务的背景、环境相关的信息；②认知信息，即与接收方完成任务过程中所采用的方法、途径等相关的信息；③功能有效性信息，即接收方所采用的认知途径是否与任务的背景和环境互相匹配的信息[59]。这些信息中，任务信息能够提升接收方对任务结构的理解，认知信息可以帮助接收方掌握完成任务所需要的认知方法和途径，功能有效性信息使接收者将认知方法、途径和任务环境有效匹配起来，从而对接收者的行为和产出水平产生积极作用。信息型负反馈的另外一个重要特征是，它并不对接收者的行为表现进行限制，从而保证接收者感知到较多的自主性和较少的压力感。相对于任务的产出，信息型负反馈更关注任务过程，支持接收者完善与任务相关的方法、途径等，容易使接收者感知到较高的支持感。

关于信息型负反馈效应的相关研究也主要集中在个体层面，Pittman 等人发现信息型反馈比控制型反馈具有更高的内部动机[67]，Zhou、Griffin-Pierson 等人的研究发现，用信息型方式表达的负反馈，相对于控制型负反馈来说，更有利于提升个体的内部动机和创造力水平[40,59]。Amabile 发现当儿童能够自主地进行选择时，他们更具有创造力[24]；Greenberg 也发现任务选择方面的自主性提升了实验参加者的创造性绩效[69]。

二、团队创造力

1. 团队创造力的内涵

创造力指新颖且适当的想法产生[23]，与创新具有较大差异。创新是将创造力成果进一步产品化、市场化的过程，因此创造力被认为是“从无到有”，而创新被认为是“从有到新”。在一个原创性想法的基础上，可能诞生一系列卓越创新成果，但拉斯克奖等荣誉却只授予最早提出该想法的学者，这就是一种肯定创造力的价值观之体现。创造性想法一般由个体所提出，创造力最初也源于个体层面的研究。但是在企业内部，大量创造活动仅靠一个员工的力量，是无法完成的。核心产品和服务的升级需要整个研发团队的智慧和经验；营销方案的形成需要营销团队成员群策群力。组织中大量创造活动需要团队作为一个整体来协调和参与。团队创造力(team creativity)的概念提出相对较晚。T. Amabile 和 T. M. Amabile 在《创造力的社会心理学》一文中呼吁学者们关注团队、组织和社会环境所承载的创造力,此后,学者们才逐渐把个体创造力的理论研究扩展到团队层面的创造力研究[70]。

然而,从 20 世纪 80 年代开始至今,研究者们对"团队创造力"的概念还没有达成基本的共识。不同学者从不同的研究角度给出的"团队创造力"定义存在很大差异,但主要存在两种思路。第一种思路认为团队创造力是个体创造力的集合。代表性的定义是 Pirola-Merlo、Mann 所给出的,他们认为"某个时点的团队创造力是指将团队内部所有成员在这个时点的个体创造力加以平均或者加权平均后所得的数值"[71]。持有这种思路来界定团队创造力的学者主要关注时间期限、团队构成等因素对团队创造力的影响[72]。第二种思路认为团队创造力是由团队层面的独特属性、过程及作用机制所形成的,比如,Borwn、Paulas 曾提出团队创造力是"由创造过程、创造产品、创造性个人、创造性环境以及这四方面加以互动的结果所构成的集合"[73]。持有这种思路的学者主要关注团队的创造氛围、冲突和信任等团队过程、团队环境等因素对团队创造力的影响[31,38,74]。

本书遵循第二种思路,认为团队创造力与团队创新等类似,是一种通过成员互动和合作所产生的团队产出,只不过这种产出还以想法、方案、创意的形态停留在一个初始阶段,需要进一步的实施和推广才能转化成为真正的创新成果或者市场利润。本书认为,团队创造力是团队成员共同产生的想法与现有想法相比的新颖程度和有效程度。再结合前面对团队特性的分析,我们将团队创造力界定为针对特定任务所临时组建的团队产生的想法和现有想法相比的新颖性程度和有效性程度。团队作为一个动态、半开放的系统(团队以组织作为边界),会受到外部反馈的影响,受到这些影响之后,也会产生团队层面的意愿、认知方面的调控,从而影响到这个系统最终的输出,即团队创造力。

2. 团队创造力的维度

在研究中,特别是关于团队创造力的研究中,学者们一般通过衡量团队合作所提出的想法的创造性来测量团队创造力。创造力研究领域所广泛认同的是,"创造性"意味着兼具新颖性和有效性,因此,我们可以通过团队中所产生的想法的新颖程度和有用程度来测量团队创造力。在团队中,新颖性和有效性的满足途径具有较大差异,新颖性想法的产生需要广泛、新奇的信息,经过发散式的思维方式进行加工才能产生,而有效性想法则需要聚合式的思维方式对错误信息进行排除,对有用信息进行深入地、体系化地整合才能产生[75]。现有一些研究仅仅通过团队中的创造性想法的新奇性和原创性来衡量团队创造力[31,38,74],有效性维度的影响因素往往被忽视。Im 和 Workman-Jr 则呼吁在创造力研究中同时考虑新颖性维度和有效性维度[76]。这是由于，如果想法仅仅具有新奇性和独特性，而对特定对象来说没有用的话，就显得过于怪诞了。由此便区分出团队创造力的两个维度：新颖性维度，即创造性想法与组织中现有想法相比，其独特性的差异大小；有效性程度，即创造性想法对于组织的适合程度和有用程度大小。因此，本研究通过关注团队创造力的两个维度——新颖性和有效性，来考察它的影响机理。

3. 激发型信息处理视角下的团队创造力

虽然团队创造力研究者们从团队构成、团队学习、团队冲突、团队信任、团队开放性等方面对团队创造力影响因素做了一些研究，但正如 Zhou 等人所评论的：一方面，研究者们应该从针对团队行为的表面分析发展到从团队认知的视角，针对团队创造过程中的认知活动和信息处理活动的影响因素进行深入考察；另一方面，对团队创造力影响机理的考察不应该仅仅停留在内部激发的视角，而是要从外部提升的角度，去考察团队创造力的外部影响因素。他们指出，维基时代的团队创造并不是一个封闭的过程，呼吁学者们考察各种外部影响、外部调控和干预手段对团队创造力的影响。激发型信息处理视角（motivated information processing perspective）能够被运用以分析外部影响在团队创造过程中所造成的认知变化，从而考察外部因素对团队创造力的作用。

自 20 世纪 50 年代起，学者们开始将团队视为一个特殊的信息处理单元，通过信息处理视角（information processing perspective）来考察团队中对知识、技能、经验等信息的处理，以及与信息处理相关的团队产出或结果[75,77]。De-Dreu 等人在信息处理视角基础上，发展出用来考察团队决策、团队谈判与团队创造的激发型信息处理视角，认为在团队这个信息处理系统中，团队成员在进行合作想法提出的过程中频繁发生着通过搜寻、交换、扩散来拓展信息量的社会处理活动（social information processing）和对信息进行深层次整合、评估和筛选的认知处理活动（epistemic information processing）[75]。社会信息处理决定了信息处理的宽度，也就是团队成员所分享的信息的范围大小；认知信息处理则决定了信息处理的深度，也就是团队成员对信息进行挖掘、筛选和整合的详尽程度和体系化程度。相对于社会信息处理来说，认知信息处理对团队创造的结果更为重要，因为社会信息处理可以为团队成员提供能够快捷解决问题的常识和惯用方法、经验等，但是若要产生更新奇、更有效的观点，就需要对团队中所存在的信息进行更为深入的剖析、分解和重组。

该视角的核心思想在于，社会处理活动和认知处理活动的发生要通过团队中特定因素来激发，才能作用于最终的团队信息处理结果。能够激发社会处理活动的因素称为社会激发因素（social motivation），如合作-竞争、偏好多样性等；能够激发认知处理活动的因素称为认知激发因素（epistemic motivation），如过程责任感（process accountability）、时间紧迫性、外部威胁等。激发型信息处理视角下，社会激发因素和认知激发因素对团队创造力产生的影响如图 2－1 所示。

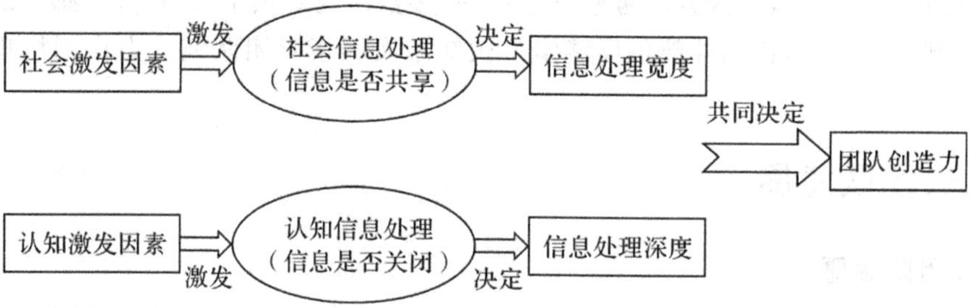

图 2－1 激发型信息处理视角下的团队创造

激发型信息处理视角认为，在团队想法产生与团队决策等集体性活动中，会有一个明显的"认知关闭"时刻，在这个时刻之前，团队成员纵深发展他们在认知方面的互动，针对任务展开详尽地回顾、剖析、联想等集体思考和讨论；在这个时刻之后，团队倾向于采用既定的方案和想法解决问题，不再进行深入的集体认知活动[75]。当团队成员停止对信息的认知处理，而倾向于采用分享到的经验和常识解决问题时，团队创造过程就处于认知关闭状态，如果团队成员持续对信息进行认知处理，那么这种认知关闭就被延迟了。因此，团队中的认知关闭及其延迟对团队创造结果起到决定性作用，而决定团队是否进行认知关闭的因素有很多。首先，严格的时间限制会强迫团队进行认知关闭，宽松、自由的环境更有利于团队进行深入的认知处理[78]；其次，对于目标和结果的过度关注会使得团队忽视完成任务过程中一些细节、途径等方面的问题，而对于任务过程的责任感则有助于团队进行认知处理，比如 Bechtoldt 等人就通过实验研究发现对于任务过程的关注有助于加强团队认知处理，从而提升团队创造力[60]；最后，如果团队感知到外部的威胁，也会加强对信息的认知处理，这是因为外部的威胁会引起团队的警觉，从而延迟团队认知关闭，对任务进行反思和扫描。

学者们运用激发型信息处理视角对团队谈判和决策、团队有效性、团队创造力的提升机理等做了深入研究，比如，Scholten 等人在该视角下针对过程责任感(process acountability)对团队决策的影响进行研究，发现过程责任感可以通过激发团队认知处理从而提升团队决策的质量，而且偏好同质性和过程责任感的交互可以产生更高质量的团队决策结果[79]。De-Dreu 等人利用激发型信息处理视角分析团队谈判过程中的认知激发因素（即过程责任感）和社会激发因素（即亲社会动机，prosocial motivation）对团队谈判结果的影响，发现在高程度的社会激励和认知激励的情形下，团队谈判中达成的共识最多[80]。Bechtoldt 等人基于激发型信息处理视角在荷兰和韩国做了针对团队创造力的对照研究，发现高程度过程责任感和亲社会动机的交互下，团队创造力的新颖性维度和有效性维度都更高[60]。

可见，激发型信息处理视角已经被广泛用来解释团队集体性认知活动的产出质量，但现有研究对认知激发因素的考察过于单一，多数研究聚焦于“过程责任感”，缺乏针对外部影响因素，比如外部负反馈作为认知激发因素对团队创造力作用机理的研究。

三、团队意愿

1. 团队意愿

团队意愿（team intension）泛指团队的态度、动机、效能、承诺等意识层面的反应[57]。虽然在团队内，所有的认知活动都起源于个体层面，但是团队成员的个体认知经过一系列动态交互，会形成团队共享的看法、判断等意愿，这些意愿虽然起源于个体认知，但是并非个体意愿的简单加总，而是在团队层次上涌现的特征，产生于团队成员之间的社会化交互过程，一旦脱离了团队就不存在[81-82]。在团队应对反馈的调控模型中，DeShon 等人将集体效能、目标设置等均视为团队意愿，而将行为参与水平、策略制定等都视为团队行为，对团队意愿传导负反馈效应的作用进行论述[15]。Bandura 在他所提出的自我调控机制中区分了反馈接收者的评价性反应和实质性反应。评价性反应是指团队接收到负反馈之后对自身目标设置、集体效能、努力程度、任务承诺等意识层面的评估和调控，而实质性反应则是基于这些评价所做出的行为层面的调整[83]。这里的评价性反应对应于团队意愿，实质性反应则对应于团队行为，团队意愿的调控会进一步引发团队行为的改变。本研究所涉及的团队意愿涉及聚焦于“效能”的团队创造性效能和聚焦于“任务”的任务承诺两种。

Bandura 在其所提出的个体效能（self-efficacy）概念基础上发展出集体效能（collective efficacy）的概念[84]，Shin 和 Zhou 在 Ford 提出的创造性自我效能（creative self-efficacy）概念的基础上发展出团队创造性效能（team creative efficacy）的概念[29,85]。团队创造性效能是指为团队成员所共享的关于团队产生创造性想法的能力的判断。Bandura 所提出的社会认知理论认为效能是将外部环境影响传导至接收者行为、产出的重要中介变量[83,86]。

承诺（commitment）是指在思想上、感情上和心理上的认同和投入[87]。团队层面的任务承诺（task commitment）是指为团队成员所共享的关于高质量完成任务的期望，以及将在多大程度上投入任务当中的意愿[58]。和那些关注“效能”或“目标”的团队意愿不同，任务承诺聚焦于任务以及与任务相关的程序、方法和途径本身。任务承诺比较高的团队能够从完成任务的过程中得到乐趣，这种乐趣与目标是否达成、效能高低均无关。受到外部环境特定因素的影响和激发之后，团队的任务承诺会增强，随之倾向于针对任务展开体系化、认知性的深层次信息处理，也会致力于寻找更加新奇、有效的方法和途径来高质量完成任务。

2. 归因理论对意愿变化的解释

在现实生活中，我们总喜欢对周围发生的现象问个“为什么”，并寻找原因来解释这些现象，这就是归因。归因理论主要考察人们如何判断和解释外部影响和自身行为结果的原因，然后如何根据这些原因做出反应。它起源于社会心理学研究，经过学者们的不断发展与完善之后，在心理学、管理学以及教育学研究中得到了广泛应用。不同的学者在发展归因理论的同时，各自提出了对归因的不同看法，这些看法中影响力比较大的有 Bandura 的自我效能感归因理论[88-89]，Abramson、Seligman 与 Teasdale 的习得无助归因理论[90]，以及 Graham 和 Weiner 的归因理论等[91]。

Bandura 提出自我效能(self-efficacy)的概念，认为自我效能是指个体在执行某一任务之前对自己能够在什么水平上完成该任务的判断[92]。在自我效能基础上，他又发展出集体效能的概念，认为集体效能是指人们在通过合作执行某一任务之前对自己所处的群体能够通过合作在什么水平上完成该任务的判断。Bandura 认为外部反馈影响个体或者群体对其效能的判断，同时，这种判断还受到反馈接收者初始效能的影响[84]，受到外部负面影响之后，初始效能高的个人或群体能够以积极的态度应对，迎难而上，而初始效能低的个人或群体则会消极应对，被动地逃避困难，这就导致行为结果更加不尽如人意，得到的负反馈又进一步降低其效能感。自我效能归因理论从效能的角度分析了外部影响所引发的归因和判断，对反馈领域研究产生很大影响，但是人们接收到外部反馈之后，所进行的归因可能是多方面的，仅仅基于效能进行归因可能无法全面解释人们面对负反馈所进行的意愿调控。

Abramson、Seligman 与 Teasdale 的习得无助归因理论认为人们习得无助感的产生并不是由负反馈、消极结果本身所引发的，而在于人们认为自己对反馈针对的事件或者结果难以控制。根据习得无助归因理论，当人们对某件事情的消极结果进行归因之后，一旦他们认为引发这些消极结果的原因无法被改变，那么他们在这类事件中的动机和热忱就会消减，对事件的不可控的无助感会增强。如果人们将消极事件归因于内部比较稳定的、不容易控制和改变的因素，比如自身效能，那么他们的自我评价就会降到最低；如果他们将消极事件归因于不稳定的、易于改变的因素，比如完成任务的途径和方法，那么他们的自我评价及动机就不会降低，这种归因甚至还会强化随后行为的承诺和动机。该理论认为，消极事件原因的可控性、稳定性、普遍性共同决定了人们无助感的产生和随后的行为动机。根据这一理论，如果团队将负反馈来源归因于自身稳定的、不容易改变的创造性效能，那么他们的自我评价会进一步降低；如果团队将负反馈来源归因于外部不稳定的、容易控制的完成任务的方法、工具和途径等，他们的自我评价不会降低，在任务中的承诺和动机反而会提升。

Graham 和 Weiner 的归因理论具有与习得无助归因理论相似的观点，他们认为内因和外因、稳定性、可控性是人们进行归因时所考虑的几个维度，人们对特定后果如何归因又会影响他们今后的成就。Graham 和 Weiner 进一步指出，人们的归因主要有能力、努力、任务难度和运气几方面，其中能力属于内部的、不可控的、稳定的因素，人们若将特定后果归因于能力，就不会花费力气去寻求改变；努力属于内部的、可控的、不稳定的因素，人们若是将特定后果归因于努力，就会进一步在任务中投入，以期改变结果；任务难度属于外部的、不可控的、稳定的因素，人们若将行为结果归因于任务难度的话，他们的投入也不会增加，但事实上，归因于任务难度和归因于努力有一定联系，如果人们认为任务的难度过高，他们很可能追加投入和努力，以适应这种难度；运气则属于外部的、不可控的、不稳定的因素，将行为结果归因于运气的话，人们的投入不会增加。

四、合作目标相依性

1. 合作目标相依性的内涵

团队有两个最重要的特征，一是团队成员拥有一个共同目标，二是成员彼此之间存在或多或少的相依性[48]。相依性指团队成员在完成团队任务、达成团队目标的过程中相互依赖的程度。20 世纪 70 年代，学者们提出相依性这一概念，并逐渐发展出相依性的各种来源和分类方法。团队中的相依性体现在以下各个方面的相互依赖：①资源方面，包括材料、工具等显性资源，也包括技能、技术等隐性资源；②执行任务的过程；③成员目标的达成；④反馈和报酬的提供。学者们根据相依性的不同来源将其区分为任务相依性（task interdependence）、产出相依性（outcome interdependence）。任务相依性主要是指成员在利用资源执行任务的过程中在资源、任务协作方面相互依赖的程度；而产出相依性则与团队任务完成的结果相关，主要涉及目标相依性（goal interdependence）、薪酬相依性（reward interdependence）、反馈相依性（feedback interdependence）。

目标相依性是指团队成员在目标的达成方面相互依赖的程度，如果全体团队成员的个体目标都是取得高薪酬，那么目标相依性与薪酬相依性就是一致的；如果全体团队成员的个体目标都是获得正反馈，那么目标相依性与反馈相依性是一致的。但是，目标相依性与薪酬相依性、反馈相依性还具有较大差别，有些学者在研究中通过向成员同时提供团队反馈和个体反馈来考察目标相依性的作用[15]，这是混淆了几种相依性所造成的结果。

合作目标相依性是指团队成员的个体目标之间、个体目标与团队目标之间呈积极相关的、合作性的相互依赖的程度，也就是当团队成员达到个体目标的时候，在多大程度上能够促进其他团队成员目标的达成以及团队共同目标的达成[55]。

Vander-Vegt 将目标相依性区分为积极目标相依性和消极目标相依性，认为积极目标相依性下，团队成员之间目标的达成是合作性的，而消极目标相依性下，成员之间目标的达成是竞争性的[93]。学者们在研究中则将目标相依性区分为合作目标相依性、竞争目标相依性、目标不相依三种类型进行考察。竞争目标相依性是指团队成员的个体目标之间、个体目标与团队目标之间呈消极相关的、竞争性的相互依赖的程度；目标不相依是指团队成员的个体目标之间、个体目标与团队目标之间并不相互依赖。

研究发现，合作目标相依性对团队有效性、团队绩效、团队创造力等存在积极的主效应。比如，Saavedra 等人发现，在合作目标相依性高的情况下，团队绩效显著高于合作目标相依性低的情况[53]。Hertel 等人对虚拟团队进行了研究，结果表明，较之于有效性低的团队，在有效性高的团队里，合作目标相依性更高[94]。Alper等人对自我管理团队进行了研究，研究发现，在高度合作目标下的团队，成员在决策过程中的争论是开放的和建设性的，这提高了他们的相互信任水平，从而提高了团队决策的有效性；反之，竞争的目标妨碍了建设性的争论、信任和决策的有效性[95]。耿紫珍等人针对合作目标相依性对科研团队创造力的影响进行研究，发现合作目标相依性对科研团队创造力存在正向影响[96]。

除此之外，研究者们还发现合作目标相依性也对其他变量的影响存在调节效应或者交互效应，Janssen 等人针对管理团队进行研究，发现合作目标相依性和冲突类型存在复杂的交互效应，只有在人际冲突妨碍了作业冲突的时候，合作目标相依性才会促进有效的决策，而在作业冲突和人际冲突并存或没有冲突的情况下，则不存在这样的效应[97]。Vander-Vegt 对金融服务团队的研究结果表明，在异质团队中，作业相依性与感知到高水平合作目标相依性的个体的创新行为高度正相关，但是与感知到低水平合作目标相依性的个体的创新行为无关[93]。从上述研究回顾中可以看出，合作目标相依性在研究中作为自变量和调节变量备受关注。

2. 社会相依性理论

20 世纪初，社会相依性理论的相关研究开始形成雏形。完形学派的奠基人 Koffka 认为团体是一个动态系统，在这个系统之中团体成员相互依存[98]。到了 20 世纪 30 年代，Lewin 对 Koffka 的观点进一步升华，认为团体的本质特性就是在一个共同目标下所形成的成员之间的相依性[99]。正是由于这种相依性，团队中任何成员或者任何亚群体的变化都会引起其他成员或亚群体的反应。到了 20 世纪 40 年代，Lewin 的学生 Deutsch 发现达到目标的动力激发了团队中的合作行为和竞争行为，于是，他在 Lewin 有关团队相依性的推理基础上提出了合作和竞争理论（the theory of cooperation and competition）[100]。之后，D. W. Johnson 和 R. T. Johnson 等人所发表的一系列著作又进一步深化了 Deutsch 的理论，社会相依性理论的完整体系开始形成[54,56]。

D. W. Johnson 和 R. T. Johnson 对社会相依性理论的内容进行了精辟的论述[56]。他们提出：当团队成员具有共同目标时，单个团队成员目标实现的情况既会受其他团队成员的影响，也会影响其他成员，由此产生两种截然不同的社会相依性——合作的相依性和竞争的相依性，当然，如果团队中缺失足够的社会相依性，那么单个成员的行为表现是与他人无关的。在合作的、积极的相依性下，团队成员之间关系比较融洽，他们共享信息和资源，共同承担责任，能够互相帮助、互相促进，遇到困难也不会退缩，能够齐心合力渡过难关；而竞争的、消极的相依性下，团队成员之间关系紧张，相互对立，他们既不会共享资源和信息，遇到困难也不相互勉励，有些团队成员甚至不惜采取伤害其他团队成员利益的行动来帮助自己取得成功；在第三种情形，也就是目标不相依的时候，团队成员仅仅关心如何依靠个人努力来达成个体目标，对其他团队成员目标、团队共同目标的达成采取漠然态度。

社会相依性理论的基本假设是：团队相依结构决定了成员之间的互动，进而决定了团队产出或者团队结果。合作的、积极的相依性可以导致成员之间的良好协作和互动，为达到共同目标而付出高度努力，从而形成人与人之间的社会支持、团队成员良好的心理健康水平、团队内共享、相互关心的氛围；竞争的、消极的相依性使得成员之间协作产生障碍，不愿意为共同目标付出努力，最终导致消极的人际关系和心理障碍；缺失相依性会导致交互的缺失，以及对共同目标付出努力的减弱，使得团队成员之间缺乏人际交流，当面临各种外界的负面刺激时，彼此由于缺失社会支持而不堪压力。在 D. W. Johnson 和 R. T. Johnson 看来，目标相依性要比其他相依性，比如资源相依性、奖励相依性等更容易激发创造力。积极的目标相依性能激励每个人更加努力，对共同目标的追求使得人们愿意贡献更多的力量、资源、时间和精力。因此，高程度合作目标相依性会使团队产生更高水平的创造力[56]。

第二节 团队层面负反馈效应研究的起源与发展

一、团队层面负反馈效应研究的起源

虽然在管理实践中，反馈是被普遍使用的一种管理手段，但组织行为学研究者们直到 20 世纪 50 年代才开始关注反馈在组织中的效应，直至目前，不但关于反馈的概念没有一个统一的定论，关于反馈的组织行为学效应也没有统一的意见[101-103]。早期的反馈研究主要关注反馈对个体意愿、行为和产出的影响。随着团队逐渐成为重要的组织形式，一些研究才开始关注团队中的反馈效应。

在团队中，有两种层面的反馈起主要作用：一种反馈提供的信息与团队成员相关，针对团队成员行为表现进行评估，这是个体层面的反馈（individual-level feedback），或团队中的反馈（feedback in team）；另一种反馈提供的信息与整个团队的行为表现相关，是指团队外部的监控者或观测者通过针对整个团队进行评估从而提供的反馈，这是团队层面的反馈（team-level feedback）。本书所关注的是第二种反馈，即团队层面的反馈的效应。

从组织行为研究领域开始关注组织内部的反馈效应起，关于负反馈对组织生活的影响研究也开始展开，这些研究最初起源于个体层面，也就是说，团队层面负反馈效应研究的起源来自个体层面负反馈效应研究。早在 1979 年 Ilgen 等人就考察过反馈效价对员工满意感以及感受到的反馈信息准确性的影响，他们发现得到正反馈的人对反馈更加满意，认为反馈内容是准确的；而得到负反馈的人，则怀疑反馈是不真实的，令人不高兴的[63]。Steelman 和 Rutkowski 的研究显示负反馈，即便是为了发展目的而进行的负反馈也会导致消极反应，使得反馈接收者不愿意改变其行为[18]。有些研究发现一些情境变量可以减轻负反馈的消极影响，当反馈源是可信的、所提供的反馈是高质量的、反馈被以相当礼貌的方式传递时，反馈接收者更愿意去根据负反馈做出改变，从而提高绩效。Ilies 和 Judge 对 745 名被试进行实验研究，发现了反馈性质对目标设置的影响——得到正反馈的个体会提高绩效目标，而得到负反馈的个体会降低绩效目标，同时还发现了积极情感与消极情感会调节反馈性质与目标设置的关系[104]。从以上对个体层面反馈效应的研究可以看出，相对于正反馈来说，负反馈往往与消极的后果相联系。但也存在不一致结论，比如 Nease 等人研究发现得到负反馈的个体表现出三种现象：有的更加努力，有的降低自己的奋斗目标，有的则拒绝接受负反馈[105]。

针对这些不一致结论，个体层面的研究者们结合反馈提供方式、个体意愿、个体特征等因素对负反馈效应的不稳定性做出了比较合理的解释。在反馈提供方式方面，Leung 等人结合实验研究和实地调查，发现如果领导以人际公平（interpersonal fairness）的方式批评员工，员工对领导的人格评价会比较好，也能够欣然接受领导的批评；相反，如果领导批评员工时，对员工不尊重，对方就会对领导产生负面评价，而且不会接受批评意见的内容[106]。Waldersee 和 Luthans 在快餐业进行了一项准实验研究，他们发现刚开始接受负反馈的时候，员工会增加在工作和任务中的努力，但如果组织总是频繁、不断地向员工提供负反馈，员工不但不再继续努力，还开始降低其在工作中设定的目标，开始逃避工作和任务，并开始拒绝接受负面的反馈[107]。在个体特性方面，在 Nease、Mudgett 和 Quinones 的实验研究中，研究者通过给予实验参与者负反馈，来考察实验参与者的初始自我效能感对反馈信息接受程度的调节作用，他们发现初始自我效能感比较高的参与者能够很好地接受负反馈，而初始自我效能感比较低的参与者在不断得到负反馈之后，对反馈信息的接受程度逐渐下降[105]。还有研究通过个体聚焦差异,即聚焦于"奋进"还是"避免"(approach versus avoid goals)的途径来解释负反馈对个体的效应,这一类研究认为聚焦于奋进的个体对负反馈会做出负面的反应,而聚焦于危害避免的个体对负反馈会做出正面的反应[59]。类似的,另外一些研究通过个体动机导向来解释负反馈对个体的影响,比如,Forster 等人发现持有提升或者奋进(promotion or approach)导向的人在收到负反馈之后会表现得更差,而持有预防和避免(prevention and avoid)导向的人在收到负反馈之后会表现得更好[108]。

一些学者不满足于个体层面反馈效应的研究,开始将团队层面反馈效应与个体层面反馈效应进行对照研究。Berkowitz 和 Levy 等人发现相对个体层面反馈来说,团队层面反馈能导致更高的团队产出[109],Jentsch 等人则发现提供个体层面反馈能获得最高的团队产出[110],还有些研究认为将个体层面反馈与团队层面反馈结合起来才能获得最佳个体绩效[111]。尽管关于个体层面反馈与团队层面反馈孰优孰劣的研究并没有取得定论,但这些研究说明团队层面的负反馈效应的确与个体层面负反馈效应存在差异。

随着个体层面反馈效应研究逐渐成熟,同时,组织行为学研究兴起了针对团队层面各种特殊现象的热烈讨论,学者们开始专门针对团队层面反馈效应进行研究。

二、团队层面负反馈效应研究的发展

1. 负反馈对团队层面结果变量的影响研究

从 19 世纪 50 年代开始,学者们开始针对团队层面反馈效应和个体层面反馈效应进行对比研究,后来开始直接针对团队层面反馈效应进行研究。直至目前,有关反馈影响团队结果变量的研究已经取得了一些有意义的研究结论。为了研究的需要,我们在 JSTOR、ProQuest、EBSCO 三个数据库中以"团队(team)""小组(group)""反馈(feedback)"进行主题检索之后,又利用 Google 学术搜索引擎以"团队(team)""小组(group)""反馈(feedback)"进行题名搜索,以"团队反馈(team feedback)""小组反馈(group feedback)"进行精确词组搜索,经过多次搜索和筛选,共得到 22 篇与团队层面负反馈效应相关的 SSCI 文献。

我们所发现的关于负反馈影响团队结果变量的文献中,以针对团队绩效的研究居多,其中针对负反馈对团队绩效的研究就有 9 篇,还有一些研究关注团队生产率(team productivity)、团队有效性(team effectiveness)、团队行为(针对危机的反应、冲突等)、团队意愿(归因、动机、满意度等)、团队问题解决、团队变革等其他结果变量。这些研究所采用的样本,除过 4 个工作团队未表明团队持续时间之外,其他均为临时组建或模拟的学生团队。从发展趋势上看,现有关于负反馈影响团队结果变量的研究从关注团队绩效这一结果变量开始转变为关注多种团队结果变量;从直接针对宽泛的反馈效应进行研究,到开始从效价、时点、内容等方面对反馈进行精确限定和研究;从仅仅考察反馈的主效应,到开始考虑团队自身因素(团队预期、团队构成、学习导向)、反馈情境因素(团队培训)等对反馈效应的调节效应。从数量上来看,负反馈影响团队结果变量的相关研究还比较少。需要特别指出的是,在这些研究中,有些专门针对负反馈效应进行,但有些并没有明确区分反馈效价,而是在实验中针对受试团队的表现情况来提供正反馈或者负反馈,来考察它们的效应。因此,我们在针对负反馈影响团队结果变量相关实证研究进行总结时,也包括了这些没有明确区分反馈效价,但在实验操作中向受试团队提供了负反馈的研究。负反馈影响团队结果变量的相关研究如表 2-1 所示。

表 2-1 负反馈影响团队结果变量相关实证研究一览

作者	样本	自变量	因变量	研究结论
Berkowitz, Levy[109]	25 个团队,由 75 个大学本科生组成	团队层面反馈和个体层面反馈	团队产出	相对于个体层面反馈下的团队产出来说,团队层面反馈下的团队产出更高
Varca, Levy[112]	111 个团队,由 222 个大学本科生组成	个体层面负反馈和团队层面负反馈	对团队绩效的归因	团队层面负反馈下比起个体层面负反馈下,敏感型成员更容易将团队绩效归因于团队的效能和努力
Gear, Marsh, Sergent[113]	1 个由 5 个大学职员组成的团队(案例研究)	团队层面负反馈	团队行为	负反馈使得团队成员减少提供想法的行为,增加询问想法的行为
Mesch, Farh, Podsakoff[26]	59 个 3 人团队,由参加高级管理课程的本科生组成	团队层面负反馈	团队绩效	负反馈能够提升目标设置,进一步提升团队绩效
Croson[114]	12 个团队,由 24 个学习经济学课程的大学本科生组成	团队层面反馈(未区分正反馈与负反馈)与个体层面反馈	团队贡献(team contribution)	在提供个体反馈和团队反馈的情况下,团队贡献总量没有差异,但是个体层面反馈下比团队层面反馈下,团队贡献的方差更大
Avery[115]	48 个 3 人团队,由参加高级管理课程的本科生组成	团队层面正反馈和负反馈	惯例化(routinization)和面对危机的反应	接收到负反馈的团队比接收到正反馈的团队更容易惯例化,但对危机的反应更容易过激

续表

作者	样本	自变量	因变量	研究结论
Lant, Hurley[27]	20个团队，由MBA学生组成	团队层面负反馈	团队产量及资源投入	当负反馈与团队预期相近时，团队产量及资源投入增加；当负反馈与团队预期相差很大时，团队产量及资源投入减少
Peterson, Behfar[116]	67个团队，由一年级MBA学生组成	负反馈	任务冲突、关系冲突	负反馈能够激化团队内部的任务冲突和关系冲突，作者同时提出，这种冲突可能导致团队绩效下降，特别是在信任度低的团队中
Jabri[117]	1个研发团队	团队层面反馈（未区分正反馈与负反馈）	团队变革	反馈可以通过团队成员之间的交谈、沟通来促使团队成员适应变革
Philo[47]	150个团队，由450个本科生组成	接收到负反馈后的团队反应：策略制定/互相责备	团队生产率，团队有效性	接收到负反馈后，致力于策略制定的团队生产率会提升，团队有效性、灵活性(variability)和凝聚力(cohesion)都会提升；致力于互相责备的团队生产率会下降，团队凝聚力也会下降
DeShon, Kozlowski, Schmidt等[15]	79个团队，由心理学本科生组成	团队层面反馈（未区分正反馈与负反馈）	团队绩效	针对团队层面的反馈可以提升团队集体效能和目标设置，然后提升团队绩效
Passos, Caetano[118]	183个团队，由47个本科生组成	反馈（未区分正反馈与负反馈）	团队绩效	团队反馈对团队绩效存在正向影响
Geister, Konradt, Hertel[119]	52个虚拟团队，由学生组成	团队层面过程反馈（未区分正反馈和负反馈）	团队动机、团队满意度、团队绩效	过程反馈能够提升团队动机、团队满意度和团队绩效

续表

作者	样本	自变量	因变量	研究结论
Barr，Conlon[120]	60 个团队，由高年级本科生和研究生组成	团队层面负反馈	坚持行为的意愿	接收到正反馈的团队相对接收到负反馈的团队来说，更容易坚持眼下的行为
De-Jong，Vander-Vegt，Molleman[121]	问卷调研，46 个工作团队，由 218 个员工组成	团队层面反馈（未区分正反馈和负反馈），权利不对称（power asymmetry）	团队学习与团队绩效	权利不对称和绩效反馈的交互可以促进团队学习，进一步促进团队绩效
Burns，Peters，Noell[22]	案例研究，3 个教师团队	团队层面反馈（未区分正反馈和负反馈）	团队问题解决的实施完善性	反馈可以促进团队问题解决的实施完善性
Visscher[122]	问卷调研，67 个工作团队的有效数据	团队内部反馈和团队外部反馈	团队绩效	内部反馈和外部反馈提升团队绩效
Astwood-Jr[123]	80 个团队，由 160 个本科生组成	团队层面反馈时间选择	团队绩效	对于持有高度学习导向的团队来说，延迟的反馈对保持性团队绩效具有正向影响，这种影响受团队感知到的反馈作用所中介
Quigley[124]	40 个团队，由 198 个一年级 MBA 学生组成	团队层面关键时点反馈（critical midpoint feedback）	团队绩效	关键时点反馈通过影响领导自我效能和变革性领导影响团队集体效能，团队集体效能又通过团队目标和团队过程影响团队绩效

续表

作者	样本	自变量	因变量	研究结论
Joo，Song，Lim 等[21]	问卷调研，228 份有效数据	团队层面发展性反馈（未区分正反馈与负反馈）	团队创造力	发展性反馈可以促进团队创造力，发展性反馈与团队凝聚力的交互可以促进团队创造力
Kemp，Wood，Cracraft 等[125]	66 个团队，由 171 个本科生组成	团队层面建设性反馈（constructive feedback）和变化的培训练习	团队适应性绩效	建设性反馈和变化的培训练习的交互可以提升团队适应性绩效

注：本表总结了自 1984 年以来至 2018 年 12 月底，发表在主要 SSCI 期刊上的关于负反馈影响团队结果变量的实证研究文章，共 22 篇。

从表 2－1 中可以看出，现有关于负反馈影响团队结果变量的文献在研究结论方面，尚存在一些争议。比如说，Mesch、Farh 和 Podsakoff 的研究发现负反馈能够提升目标设置，进一步提升团队绩效[26]。Peterson 和 Behfar 却发现负反馈能够激化团队内部的任务冲突和关系冲突，他们提出这些被激化的冲突会导致团队绩效下降，特别是在信任度低的团队中[116]。Lant 和 Hurley 则将团队预期纳入研究框架，发现当负反馈与团队预期相近时，团队产量及资源投入增加；当负反馈与团队预期相差很大时，团队产量及资源投入减少[27]。这些研究结论不一致的原因，一方面，可能在于现有研究对反馈变量本身界定不够细致，表 2－1 中很多研究没有区分反馈效价，笼统地提出团队层面反馈对团队绩效产生特定方向影响的研究假设，而同样是反馈，正反馈效应和负反馈效应可能是大相径庭的；另一方面，现有研究还忽略了不同提供方式下负反馈效应的差异，表 2－1 的文献中，仅有 Geister、Konradt 和 Hertel 明确指出研究是针对过程反馈进行[119]；Joo 等人和 Kemp 等人的研究考虑了反馈性质，分别针对发展性反馈和建设性反馈进行[21,125]；Quigley 考虑了反馈时点，专门针对关键时点反馈进行[124]；其他文献均没有对研究中所针对的反馈类型进行明确说明。我们在负反馈内涵界定部分已经指出，不同提供方式下的负反馈，对团队结果变量产生影响的差异可能相当大，现有大多数团队层面负反馈效应研究没有区分反馈提供方式，由此不难理解现有研究为何会产生各种不同方向影响的结论。

在关注的结果变量方面，上述研究主要关注团队绩效、团队有效性等团队层面传统结果变量，缺乏对团队创造力的研究。在仅有的 2 篇相关文献中，Joo 等人针对发展性反馈对团队创造力的影响进行研究，发现发展性反馈对团队创造力有正向影响，该研究关注了反馈性质对团队创造力的效应，但忽视了反馈提供方式的影响，甚至没有区分反馈效价，即正反馈与负反馈的差异性效应，在数据采集方式上，采取每个团队仅选择一个成员填写问卷的方式获得 228 份样本，这种针对单个成员进行调研的方式无法有效测量团队层面的变量[21]；Burns、Peters、Noell 针对 3 个教师团队进行案例研究，发现反馈可以促进团队问题解决的完善性，但该研究属于教育管理领域，而且关注的是教师团队问题解决效率，并没有直接针对团队创造力进行研究[22]。

并且，现有研究多基于控制论(control theory)、自我调控理论(self-regulation theory)、自我决定理论(self-determined theory)等考察团队根据负反馈对团队目标、效能的调整所引发的团队行为和产出改变[21,26,27,125]，而在团队创造活动中，目标的达成和实现所激发出的大多数是浅层次的社会分享、互助等行为，团队创造力的水平在很大程度上由集体认知活动的质量所决定。已有文献没有考虑不同提供方式下的负反馈对集体认知活动中的差异性效应，无法有效解释负反馈对团队创造力的影响。在个体层面，很多学者都提出支持性的反馈可以促进个体创造力，而约束性的反馈会抑制个体创造力[23,40,68]。Zhou 将控制型反馈和信息型反馈下的内部动机和个体创造力进行对比，并且试图用内部动机的中介作用来解释反馈类型对个体创造力的影响，他们发现控制型负反馈下，个体的内部动机和创造力均弱于信息型负反馈下的个体的内部动机和创造力[40]；Georgiev、Nagai 提出某些批评可以促进个体创造力[126]；Zhou 发现发展性反馈，不论是正反馈，还是负反馈，对个体创造力均具有积极影响[13]。相比之下，团队层面负反馈研究严重缺乏对团队创造力的关注。

另外，现有研究对团队层面负反馈效应的考察，大多数没有考虑团队自身特性的作用。在表 2－1 的文献中，仅有 Lant 和 Hurley 结合团队预期研究负反馈效应[27]，Astwood-Jr 关注团队学习导向对反馈效应的调节作用[123]，De-Jong、Vander-Vegt 和 Molleman 考察了团队中权力的分布状况对反馈效应的影响[121]，其他文献均未涉及团队自身因素的作用。团队作为一种特殊的组织形式，具有成员之间相互依赖的独特性质。虽然学者们也区分了团队中所存在的个体层面反馈和团队层面反馈，并开展实验研究去考察二者效应的差异，然而，团队成员彼此之间的互相依赖并不仅仅体现在反馈方面的相依性。团队最显著的特征是成员同时拥有个体目标和团队目标，而反馈的一部分作用是通过引导其接收对象调整目标而产生的，因此，考察团队层面反馈效应，不能忽视目标相依性，特别是积极的、合作的目标相依性作为团队本质特性对这种效应所造成的影响。参考个体层面反馈效应研究将个体不同特性纳入研究框架之后所取得的极大进展，团队层面反馈效应研究也应该考虑合作目标相依性等团队自身特性对反馈效应的调节作用。

2. 团队应对负反馈的调控机理研究

对负反馈效应的解释始于自我调控理论(self-regulation theory)。自我调控理论最初来源于生物学，认为生物有机体的调控功能就是“缩小现实与最佳情形之间的差异”，而反馈被认为是使生物有机体的功能在一些关键指标上保持在限制范围内的重要机制。可见，自我调控的初始含义中包含自我控制的意思。在国外研究中，一些学者把“自我调控(self-regulation)”与“自我控制(self-control)”作为等同的概念进行研究，但事实上，二者是具有一定区别的，“self-regulation”指个体有意图地调节自身状态，而“self-control”则主要意味着对某些冲动的意志控制。目前，不同研究者看待自我调控的视角不尽相同，因此，关于自我调控的机制也就没有一个公认的看法。

Carver 和 Scheier 利用控制论来分析人们的自我调控机制，他们从信息加工的角度，描述了自我调控的反馈环[127]。这个反馈环包括输入功能、参考标准、比较器和输出功能四个部分。信息的输入功能，也就是人们对当前环境的感知，在反馈环中通过一个传感器完成，感知到的信息在比较器中与参照标准值进行比较，然后进行输出：若输入信息在比较器中与标准值进行比较的结果没有差异，那么输出不会改变，人们的行为保持常态；若输入信息与标准值存在差异，那么输出就会刺激人们改变行为。事实上，对于人类来说，这种比较的结果和对输出信息的判断主要源于个体的意识，也就是说，反馈通过作用于人们意识层面的比较，然后做出一定意愿判断和调控，最终产生行为调控，这就是整个自我调控的过程。由于强调反馈和目标差异的负反馈是上述调控机制的必要成分，因此 Carver 和 Scheier 也将上述机制称为差异减少反馈环或负反馈环(the discrepancy-reducing feedback loop or negative feedback loop)[128]，如图 2-2 所示。

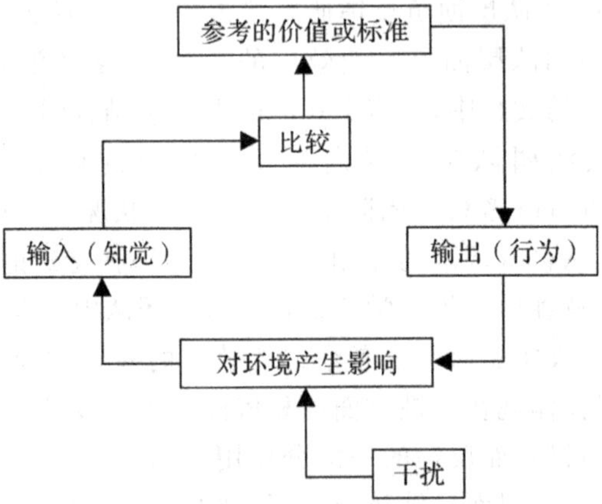

图 2-2 负反馈环

根据图 2-2 所描绘的自我调控过程，研究者将自我调控界定为“在一系列调控过程中，比如目标的设定、计划的制订与分析、执行计划的过程、计划执行过程中的自我监察以及觉察出差异后的自我反应等，所体现出来的一种能力”。这种以控制论为基础的自我调控理论强调反馈信息和目标之间的比较，以及之后发生的以减少目标和反馈之间差异为旨的调控行为。不足之处是它将人们根据反馈输入与目标差异调整行为的机械对象，忽视了人的主观能动性，也就是人类自主判断在反馈环中的作用。

Bandura 在社会认知理论大框架下所提出的自我调控理论主要是指社会环境和自我因素的相互作用[83]。他认为自我调控包含一些子功能，第一个是自我观察，指人们根据各种内外部反馈，对自身的行为表现的观察；第二个是自我判断，指人们根据某个特定标准来判断自己的表现与标准间的差距，做出对自身表现肯定性或否定性的判断；第三个是自我反应，指人们在自我判断的基础上做出的一定评价性反应，特别是对自我效能的评价。Bandura 基于社会认知理论提出的自我调控理论相对于 Carver 和 Scheier 基于控制论的反馈环来讲[83,128]，理论的进步之处在于不再认为人们会根据输入信息机械地调整自身行为，更强调人们根据输入信息所做出的自我判断和评价，强调人们根据这些判断和评价所做出的效能感的调控对后续行为的影响，不足之处是过度关注人们基于效能所做出的评价性反应，对外部影响所引发的意愿调控解释尚不够全面。

Baumeister、Heatherton、Tice 进一步发展了 Bandura 基于社会认知观所提出的自我调控理论[129]，他们将自我调控定义为人们在达到目标和完成任务过程中针对外部环境影响而产生的想法、感情和行为。在这一定义中，他们不认为人们的自我调控仅仅涉及与效能、效能评价相关的过程，他们还强调自我调控机制中人们的信念、动机的作用。

后来，反馈领域研究者开始基于目标设置理论(goal-setting theory)、自我决定理论(self-determinant theory)、试错与学习模型(trial and error learning model)等关注反馈接收者意愿在传导反馈效应中的作用，比如：目标设置理论认为个体结合负反馈信息为自己设置明确目标，从而决定行为参与水平和努力程度；自我决定理论、试错与学习模型均认为接收到负反馈信息使得接收者认为之前的路径或者目标具有偏差，从而对路径或目标进行调整，减少在之前选择中的努力。Bandura 所提出的社会认知理论也针对个体应对反馈的自我调控(self-regulation)做了论述[83]，他强调个体对自己能力的判断，也就是个体效能在这种调控机制中的作用，认为反馈作为外部环境所提供的信息会影响个体对于自我效能的评价，这种评价性反应又进一步影响个体之后的实质性反应和产出。

尽管上述理论对负反馈效应的作用机理认识不尽相同，但他们都认为反馈帮助人们重组认知结构，通过影响接收者的决策认知来影响后续的决策行为，从而影响其产出。随着组织行为学研究的发展，团队作为新的组织形式受到研究者们的关注，一些学者开始将注意力从个体意愿、行为、产出变化转为关注团队层面的意愿、行为和产出变化。因此，研究团队层面反馈效应的学者们也开始关注反馈对团队意愿的影响，比如，Varca 和 Levy 通过实验研究发现团队层面负反馈下，敏感性格的成员比压抑性格的成员更容易将团队绩效归因于团队的效能[112]；还有些学者通过团队意愿来解释负反馈对团队产出的影响，Mesch、Farh、Podsakoff 发现负反馈首先提升团队目标设置，然后才进一步影响团队绩效[26]；Quigley 发现关键时点反馈通过影响团队集体效能而影响团队绩效[124]。

DeShon 等人在个体层面反馈环的基础上映射出团队层面的反馈环[15]。在这个反馈环当中，当团队成员接收到针对个体的反馈时，会将反馈信息和个体目标进行比较，然后根据比较的结果做出一些行为决策，这里的行为决策主要表现为个体效能、个体目标设置等与个体意愿相关的调控，然后在个体目标的实现过程中改变努力程度和策略制定，最后影响个体绩效；当团队成员接收到针对整个团队的反馈时，会将反馈信息和团队目标进行比较，然后根据比较的结果做出一些行为决策，这里的行为决策主要表现为团队效能、团队目标设置等与团队意愿相关的调控，然后在努力程度、行为策略等方面做出一定的调整，最后影响团队绩效。如果团队成员同时接收到团队反馈和个体反馈，就会在团队目标和个体目标之间做出一定的权衡，如果他们在团队目标差异的减小过程中投入过多，很可能会损伤个体目标差异的减小；反之，如果他们在个体目标差异的减小过程中投入过多，就可能会损伤团队目标差异的减小。整个反馈环如图 2-3 所示。

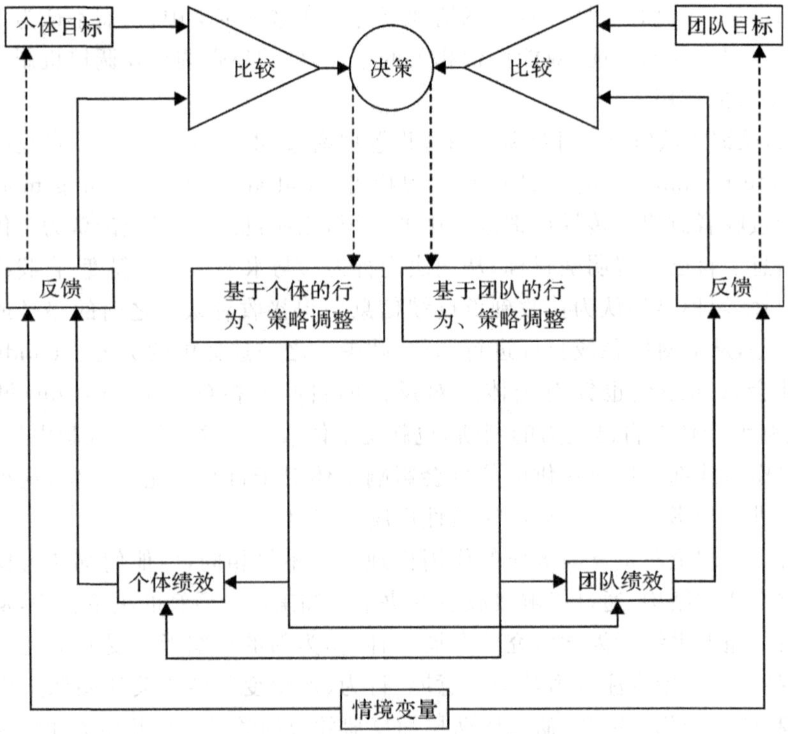

图 2-3 个体层面和团队层面反馈环

图 2－3 中的团队层面的反馈环与个体层面反馈环相互对称，从这个反馈环中可以看出，DeShon 等人这样理解团队应对反馈的调控机制：反馈引发团队的比较，然后导致团队意愿，比如团队效能、目标设置等的变化，最后改变团队行为和产出。这和描述个体调控的自我调控理论的思路基本一致[15]。基于这个反馈环，他们提出了反馈作用下的团队调控范式，即作用于整个团队的反馈通过影响团队意愿的调控而影响团队行为、产出和绩效。之后，学者们开始基于这一团队调控范式针对反馈影响团队产出的意愿调控进行研究，比如，Geister、Konradt 和 Hertel 发现过程反馈通过影响团队动机、团队满意度而影响团队绩效[119]。与团队应对负反馈的意愿调控相关的研究如表 2－2 所示。

表 2－2 团队应对负反馈的意愿调控相关实证研究一览

作者	样本	自变量	中间变量	因变量	研究结论
Varca、Levy[112]	111 个团队，由 222 个大学本科生组成	个体层面负反馈和团队层面负反馈	无	对团队绩效的归因	团队层面负反馈下比起个体层面负反馈下，敏感型成员更容易将团队绩效归因于团队的效能和努力
Mesch、Farh、Podsakoff[26]	59 个 3 人团队，由参加高级管理课程的本科生组成	负反馈	目标设置	团队绩效	负反馈能够提升目标设置，进一步提升团队绩效
Quigley[124]	40 个团队，由 198 个一年级 MBA 学生组成	关键时点反馈（critical midpoint feedback）	团队集体效能	团队绩效	关键时点反馈通过影响领导自我效能和变革性领导影响团队集体效能，团队集体效能又通过团队目标和团队过程影响团队绩效
DeShon、Kozlowski、Schmidt 等[15]	79 个团队，由心理学本科生组成	反馈（未区分正反馈与负反馈）	团队集体效能，目标设置	团队绩效	针对团队层面的反馈可以提升团队集体效能和目标设置，然后提升团队绩效
Geister、Konradt、Hertel[119]	52 个虚拟团队，由学生组成	过程反馈（未区分正反馈和负反馈）	团队动机，团队满意度	团队绩效	过程反馈能够提升团队动机、团队满意度和团队绩效

如表 2-2 所示，有关负反馈对团队意愿的影响，在方向上争议比较大，比如 Varca 和 Levy 认为团队层面负反馈下，对团队绩效的归因更容易倾向于效能，也就是说，负反馈引起团队效能下降[112]；而 Quigley 则认为关键时点反馈可以通过促进领导自我效能和变革性领导从而提升团队效能[124]；DeShon 等人则认为团队反馈，不分正负，均能够提升团队效能[15]。究其原因，可能是由于现有研究未区分反馈类型，有些甚至不区分反馈效价，结果导致负反馈影响团队意愿的研究结论有正有负，模糊不清。而且，现有关于负反馈影响团队意愿的研究体系比较杂乱，学者们各自关注不同的团队意愿，没有形成统一的理论框架。如果将负反馈提供方式纳入研究框架，那么我们就可以通过考察团队在不同提供方式下的负反馈做出不同的判断和归因来解决有关负反馈对团队意愿影响方向的争论，并在统一的理论框架下回答团队针对不同类型负反馈的产生的不同意愿变化问题。

同时，从上述文献的归纳中还可以看出，虽然目前学者们已经明确提出了团队应对反馈的意愿调控范式，但是关于团队意愿在负反馈与团队产出之间的中介作用的研究数量并不多。已有的文献对于团队意愿中间变量的选择中，起初，由于控制论、目标设置理论等都认为反馈为接收者提供了调整目标的信息，因此目标设置这一团队意愿受到研究者的广泛关注；后来，受 Bandura 所提出的基于效能的自我调节理论的影响[83]，集体效能在传递团队层面负反馈效应中的作用也开始受到关注。然而，团队一般具有明确目标，不会由于接收到负反馈而擅自调整目标设置，同时，它们的任务比较复杂，在完成任务，特别是创造性任务的过程中不会仅仅关注自身目标和效能，团队对于任务本身的承诺也易受外界反馈影响，而且这种影响又会被传导给团队产出。现有研究仅仅关注目标设置、团队效能、团队满意度等意愿，忽略了这种聚焦于“任务”的团队意愿在调控机理中的作用，因此有关团队应对负反馈的意愿调控研究并不完善。

另外，现有团队层面负反馈研究也关注团队特性对负反馈效应的调节作用，然而，已有研究没有针对合作目标相依性这一团队本质特性对负反馈效应的调节作用进行研究。DeShon 等人注意到了与个体层面反馈作用下的调控机理不同的是，团队中的成员同时持有团队目标和个体目标这一事实可能会对团队层面反馈效应造成影响，他们通过同时向团队成员提供针对整个团队的反馈和针对成员个体的反馈来考察这一影响[15]。研究发现针对整个团队提供的反馈比针对成员个体所提供的反馈更能提升团队绩效，而针对成员个体所提供的反馈比起团队反馈来说，更能提升个体绩效。但是，他们采用控制反馈相依性的方式来考察目标相依性的影响，混淆了反馈相依性和目标相依性，无法准确地观测目标相依性对团队层面负反馈效应的影响。

同时,已有研究表明团队特性的调节作用也受到团队意愿的中介作用,比如Astwood-Jr结合团队学习导向对反馈效应进行研究,发现对于持有高度学习导向的团队来说,延迟的反馈对保持性团队绩效具有正向影响,这种影响受团队感知到的反馈作用所中介[123]。很多研究都没有对负反馈效应中的调节作用做出合理解释,比如De-Jong、Vander-Vegt和Molleman考察了团队中权力的分布状况对反馈效应的影响,发现权利不对称和绩效反馈的交互可以促进团队学习,进一步促进团队绩效[121]。Joo、Song和Lim等人结合团队凝聚力研究发展性反馈对团队创造力的影响,发现团队凝聚力可以促进发展性反馈对团队创造力的正向影响[21]。但这些研究均没有对传导团队特性调节效应的中介变量进行探讨。考虑到团队意愿可能也传达了团队特性的调节作用,因此,在团队应对反馈的调控机理研究中不应该忽略这一效应。

鉴于以上论述,我们还需要将团队应对负反馈的调控机理进行深化,将团队调控范式与其他理论结合起来更全面地研究不同团队意愿的调控在传导不同效价、不同类型的反馈对团队行为和产出的影响方面的作用,研究目标相依性对团队层面反馈效应的影响,以及这种影响是如何产生的,以全面揭示团队应对负反馈的调控机理,逐渐形成系统的团队调控理论。

第三节　文献评述

一、现有研究存在的问题

通过对团队层面负反馈研究起源与发展、负反馈影响团队结果变量的研究以及团队应对负反馈的调控机理的研究现状的回顾与综述,不难发现,团队层面负反馈效应研究尚存在多处缺失,即:不同类型负反馈对团队创造力造成怎样的影响?它们是如何通过作用于不同聚焦点的团队意愿而产生这些影响的?在不同目标结构的团队中,这些影响是否存在差异?为何存在差异?正是由于这些缺失,我们无法较好地理解负反馈对团队创造力的不稳定效应。具体来说,为了系统、深入地揭示负反馈影响团队创造力的调控机理,现有研究还存在以下问题尚待解决。

1. 未区分不同提供方式下的负反馈对团队创造力的差异性影响

首先,虽然许多学者采用了多样的视角和多种研究方法对负反馈与团队结果变量之间的关系进行了分析和研究，针对负反馈对团队绩效、团队有效性等团队层面结果变量的影响发现了一些规律，但目前还缺乏针对团队创造力的负反馈效应研究。其次，负反馈由不同方式所提供时，可能会造成团队创造的认知关闭或者认知关闭延迟，已有研究没有区分不同提供方式下的负反馈效应，因此无法对作用于由大量集体认知活动产生的团队创造力的不同类型负反馈效应提供参考。

在研究思路方面，已有关于负反馈影响其他团队结果变量的文献多基于控制论等观点分析负反馈引发的团队目标差异、努力增减以及团队产出变化。而团队创造过程中涉及大量认知活动，这些活动受团队目标达成的影响很小，De-Dreu 等人指出，团队创造力相对其他团队产出来说，涉及更多的认知活动，分析外部影响对团队创造力的影响要关注它们对团队认知的影响[78]。现有团队负反馈效应研究才刚刚起步，且没有一个恰当的理论视角可以针对团队创造过程中的认知程度进行解释，这要求我们必须借用其他领域中的视角或者理论，以便更加完善的研究负反馈对团队创造力的影响。

2. 未考察团队针对不同类型负反馈的不同归因所引发的意愿变化

虽然前人关于反馈所引发的团队效能、目标设置、目标承诺等团队意愿的变化进行了一些研究，但是，一方面，这些研究没有区分不同提供方式下的反馈所造成的差异性影响，有些研究甚至不区分反馈效价，因此研究结论并不统一，比如关于负反馈对团队效能的影响方向就有正向影响和负向影响之争；另一方面，现有研究体系比较杂乱，没有使用统一的理论框架针对特定类型负反馈影响何种团队意愿、影响方向如何的讨论。至今为止，关于“负反馈影响何种团队意愿”以及“负反馈对特定团队意愿的影响方向如何”等问题，还存在较大的学术争议。

3. 负反馈影响团队产出的意愿调控机理研究尚不完善

学者们提出了团队应对负反馈的团队调控范式，但是该范式过于关注团队聚焦于目标和效能的意愿调控，比如团队集体效能、团队目标设置的变化在传导负反馈效应中的作用，却忽略了聚焦于“任务”的团队意愿调控对负反馈效应的传导。考虑到团队一般具有明确的目标，因此团队的目标设置不易受到负反馈影响，但其面临的任务较为复杂，接收到信息型负反馈之后，任务承诺可能上升——这种聚焦于任务的意愿调控往往是负反馈激发团队创造力的重要决定因素，现有研究却忽视了任务承诺在传导负反馈对团队创造力的影响方面的作用。

同时，虽然一些研究在考察负反馈效应时也考虑团队凝聚力、团队权利分布等团队特性对负反馈效应的调节作用，但这些研究缺乏对调节作用如何产生的解释。而已有研究中有理论线索表明团队特性的调节作用很可能受团队意愿的传导，但现有团队调控机理中却忽视了团队意愿对团队特性调节作用的传导，未能全面揭示不同类型负反馈对不同特性的团队创造力的差异性影响。

4. 忽略了团队本质特性对团队层面负反馈效应的影响

团队具有区别于个体和小群体的独特性质，即相依性，特别是团队成员彼此之间所持目标的相互依赖程度，可能会对负反馈作用于团队结果变量的效应造成影响。然而，现有团队层面负反馈效应研究倾向于将个体层面的模型"映射"到团队层面，而忽略了团队本身目标相依性对负反馈效应的影响。个体目标和团队目标的相容程度在很大程度上会影响负反馈下团队成员的反应模式和最终的结果，合作目标相依性作为最基本的团队特性可能对负反馈效应产生影响，然而目前研究并没有针对合作目标相依性在团队层面负反馈作用机制中的效应进行论证。

二、进一步研究的方向

上一部分分析了当前团队层面负反馈研究中所存在的问题以及背后的原因，相应的，在本研究中，要解决以上问题，可以从以下四个方面入手。

1. 不同提供方式下的负反馈对团队创造力的差异性效应

通过考虑不同提供方式下负反馈对团队创造力的不同影响，有助于弥补反馈效应研究领域中负反馈对团队创造力影响的缺失。同时，将负反馈区分为控制型和信息型，考虑不同提供方式下的负反馈在团队创造过程中所造成的团队认知/认知关闭，从而揭示不同类型负反馈对团队创造力的差异性影响，也基于团队认知的角度为分析不同类型负反馈对团队结果变量的影响提供了新的思路。

2. 不同类型负反馈对不同团队意愿的影响

通过分析团队接收到不同类型负反馈后分别基于"效能"和"任务"的不同判断和归因，提出控制型负反馈与信息型负反馈分别对团队创造性效能、任务承诺的差异性影响，来统一现有关于负反馈影响何种团队意愿，以及负反馈对特定团队意愿产生何种方向的影响的学术争议，在统一的研究框架下针对不同类型负反馈与不同团队意愿之间的关系进行论证。

3. 不同聚焦点的团队意愿对不同类型负反馈效应的传导

通过从聚焦于效能的团队意愿（即团队创造性效能）的变化和聚焦于任务的团队意愿（即任务承诺）的变化两方面关注创造性情境下团队应对不同类型负反馈团队意愿调控，有助于弥补现有团队调控范式过于关注与"效能"和"目标"相关的团队意愿调控，而忽略了聚焦于"任务"的团队意愿调控的缺陷。同时，针对不同团队意愿对合作目标相依性在负反馈—团队创造力之间调节效应的中介作用进行考察，有助于全面揭示不同类型负反馈影响不同特性的团队创造力的意愿调控机制。

针对以上研究现状，为了进一步解释不同类型负反馈影响不同特性的团队的调控机理，我们需要运用负反馈研究中的团队调控范式，并借用其他理论，如激发型信息处理视角、归因理论、社会相依性理论等。

4. 团队成员之间的目标相依性对团队层面负反馈效应的影响

了解团队层面负反馈效应必须考虑团队特性的影响。相依性是团队最基本的性质之一，考虑到团队内部成员的个体目标之间、个体目标和团队目标之间积极性相容的程度可能对团队层面负反馈效应产生重要影响。因此，我们需要研究合作目标相依性是否对不同类型负反馈与团队创造力之间的关系产生调节作用，来考察团队中目标积极相依程度对创造性情境下的负反馈效应强度的影响。

第三章

概念模型及假设提出

第二章对团队层面负反馈效应研究问题的研究现状和理论基础进行了介绍和评析，在此基础上，本章将根据理论模型的现实问题及其所研究变量之间的内在联系提出本研究的概念模型，然后分别针对概念模型中各关键要素之间的关系提出相应的理论假设，对不同类型负反馈影响团队创造力的调控机理进行阐述，为丰富现有关于负反馈如何作用于团队创造力的研究提供更深入的见解。

第一节 理论模型的现实背景

如 Paulus 与 Nijstad 所述，“随着信息的爆炸和必要的专业化过程，组织的发展越来越依赖于在创造的某个阶段中团队的互动”[130]，当经济环境的变化使得组织所面临的问题变得越来越复杂，创造力成为组织发展的主要动力时，倘若没有人才之间的协作，在非常规化的任务中实现重大突破就绝非易事。当今组织中大量创造性任务都需要由团队来承担。团队作为一种兼具聚合功能和灵活性的组织结构，在组织各种创造性活动的开展中起着举足轻重的作用[6-7]。

然而，在团队的日常运行中，真正让人耳目一新又能够有效解决问题的创造性想法十分匮乏。一方面，团队很容易囿于固有思维模式、陈旧的经验和多数意见所导致的偏见中故步自封，无法提出独特的设想[61]。另一方面，由于无法从组织的高度对任务的战略和目标进行把握，团队所提出的问题解决方案在创新实践中往往缺乏可行性和有效性[38]。由于团队在想法和问题解决方案提出方面存在诸多问题，外部观测者在其运行过程中会不断针对团队的表现进行调控，以增强团队创造力的新颖程度和有用程度。

负反馈是外部监管者、顾客、行业权威等调控和激发团队创造力所最常用的手段。当团队的创造性想法和方案未达到外部观测者的期望标准时，向团队提供负面反馈是不可避免的；而即使团队所提出的方案、设想已经达标，在最后期限之前，监管人、顾客等仍然会提供负面反馈，以驱使团队进一步提升想法的创造性。那么，接收到负反馈后，团队创造性产出的新颖性和有用性总会得到改善吗？在组织现实生活中，不同类型的负反馈对团队创造力的作用存在差异。某些类型的负反馈能够为团队提供启发性的信息，刺激团队励精图治，努力提升自身的创造性产出。而另外一些负反馈却可能让团队感知到过多的控制和干预，妨碍团队中创造性想法的产生。事实上，很多外部观测者特别是组织领导者，在向其监管的团队提供负反馈之前颇为踌躇：一方面，他们希望采取有效的负反馈方式来唤醒沉睡于团队中的创造潜力；另一方面，某些类型的负反馈所产生的负面效应，如扼杀团队创造的热情和积极性等，又引发了他们的重重顾虑。这种现象主要是缺乏关于不同类型负反馈对团队创造力影响机理的科学认识所导致的。

据观察，实践中的团队都具有独立的认知和行为[31]，它们会根据外部反馈来调控自己的认知和行为，团队创造力随之发生变化。不同类型的负反馈下，团队表现在效能、任务方面的意愿经历着差异非常明显的调节过程，团队创造力随意愿调控的影响而改变。一些组织领导经常批评其监管的团队，否定团队所提出的想法，并强硬地命令团队重新设计问题解决方案。被批评的团队却被打击得一蹶不振，对自身创造性解决问题的能力失去信心，索性“破罐子破摔”，在任务完成过程中消极懈怠，提出的想法更加令人失望，接收到这种负反馈的团队似乎陷入了一种“说你不行你就更不行”的恶性循环。而另外一些负反馈以一种更为信息化、启发式的方式给出，提出者没有强行规定团队创造性产出所应该达到的标准。接收到这种负反馈的团队将负面反馈视为矫正自身任务履行状况的信息来源，它们更加重视团队任务，决心投入更多时间和精力改善方案质量，由此产生的想法更具新颖性和有效性。Bandura 观察到，那些将负反馈的来源归结于自身能力的对象会感到沮丧、不自信，产出从此下降；而将负反馈的来源归结于任务完成过程中不足的对象则会改善完成任务的方式，产出得到提升[83]。可见，接收到不同类型负反馈之后，团队或者降低对自身团队创造性效能的评价，并随之减少在后续创造性行为中的参与；或者增强对任务的承诺和重视程度，并随之增强在后续任务中的努力程度。不同的意愿调控机制传导了不同类型负反馈对团队创造力的影响。鉴于这种现象，我们需要了解不同类型负反馈是怎样通过影响团队意愿(团队创造性效能和任务承诺)，从而对团队创造力产生影响的。

事实上，团队接收到负反馈后的反应和产出还受到团队自身目标结构的影响。倘若团队中目标比较一致，团队成员处于沉浮与共的状态，接收到控制型负反馈之后，团队创造性效能受伤害的程度就低一些，团队创造力下降不严重；接收到信息型负反馈之后，团队能够齐心协力承诺于方案质量的提升，团队创造力显著提升。反之，在一些目标不一致、人心溃散的团队中，接收到控制型负反馈之后，团队创造性效能会受到摧毁性的伤害，创造力严重下降；接收到信息型负反馈之后，团队成员也并不像那些目标一致的团队愿意在任务中投入更多，团队创造力提升程度受到限制。由此可见，合作目标相依性，也就是团队成员的个体目标之间，个体目标与团队目标之间积极性依赖的程度也会影响负反馈与团队创造力之间的关系。

总的来说，外部观测者总是期望通过负反馈来刺激团队产生更加新颖、有用的想法和问题解决方案，但不同类型负反馈下，团队创造力的改善情况迥异。可能正是由于不同反馈提供方式下，不同特性的团队针对负反馈所做出的在意愿方面的调控机制具有差异，最终导致我们所观测到的负反馈对团队创造力影响的不稳定性，以上这些现象成为本书研究的现实依据。

第二节 概念模型的构建

组织中的负反馈通过影响个体对任务的注意力、目标设置、自我效能和内部动机等影响个体绩效和个体创造力的研究已经非常广泛[16-20]，然而，相对于个体层面负反馈效应的大量研究来说，我们对团队层面的负反馈效应，特别是针对团队创造力的负反馈效应知之甚少。DeShon 等人提出并验证了团队层面反馈通过影响团队意愿，从而作用于团队绩效的团队调控范式[15]。根据团队调控范式，团队接收到反馈之后，会根据反馈结果调控自身的意愿，调控的结果会影响到最终的团队产出。笔者借鉴这一范式，认为不同类型的负反馈通过影响不同团队意愿作用于不同特性的团队的创造力。

1. 不同类型负反馈对团队创造力的主效应

现有反馈效应研究主要根据自我决定理论（self-determined theory）、自我调控理论（self-regulation theory）、控制论（control theory）等理论解释团队层面负反馈效应[15,26,27,117]。然而，这些理论主要关注团队接收到负反馈之后针对目标差异所进行的调整和产出变化。团队创造力的产生过程涉及大量认知活动，这些认知活动的深度和体系化程度受目标激励的影响较小[130]，因此已有文献研究负反馈效应的思路无法有效解释负反馈和团队创造力的关系。相对于解释负反馈效应的传统理论来说，激发型信息处理视角为我们提供了更适合于剖析不同类型负反馈对团队创造力直接效应的理论依据。根据激发型信息处理视角，由目标所提供的激励主要体现在对信息的社会处理活动（比如团队中关于信息和知识的社会交换）的促进方面，而团队创造质量在很大程度上是由团队认知处理所决定的，团队认知处理的深度则受外部因素影响[75]。根据激发型信息处理视角，如果外部反馈由不同方式提供，会对团队创造过程中的认知关闭提前或者延迟产生不同影响，从而决定了团队对信息的认知处理的深度，进一步影响团队创造力。

团队中新颖和有用的想法产生的关键在于认知障碍（思维定式、记忆障碍等）的打破[130,131]，根据激发型信息处理视角，负反馈作为一种外部施加的影响，会对团队对信息的认知处理活动起到激发或抑制作用。不同提供方式下的负反馈——控制型负反馈和信息型负反馈对团队认知关闭或延迟的影响具有差异，具体表现在：①已有研究表明，团队对信息的认知处理深度由过程责任感（process accountability）决定[75,78]，控制型负反馈更关注任务的结果，而信息型负反馈更关注任务的过程，两种负反馈类型下，团队的过程责任感的差异比较大；②控制型负反馈旨在约束团队准确无误地完成良好的实际运作，这会使团队囿于组织所提出的规范，限制了少数派意见的表达，导致团队认知关闭提前，而信息型负反馈则以发展性的态度鼓励团队改善自身行为表现，这有助于打破团队中的缄默以及功能不良的日常惯例，促使团队摒弃常用的认知范式，延迟认知关闭，更具有创造性地完成任务；③虽然两种负反馈都会让团队感知到外部的威胁，但是控制型负反馈没有提供与错误、与改进相关的信息，仅仅要求团队达成目标，因此团队会选择符合惯例或常规的方法来完成任务，而信息型负反馈向团队提供了一系列有助于改善问题解决方案的信息，这些信息可能是团队成员先前没有注意到的细节，从而使团队感知到自身工作的失误，这有助于革新团队中固有的思维方式，恢复被遗忘的内隐和外显信息[132]，团队的认知关闭会被延迟，从而形成更具有创造性的想法。由于团队中认知关闭的提前或延迟是决定团队产生的想法及问题解决方案的新颖程度和有用程度的主要因素，因此控制型负反馈和信息型负反馈会对团队创造力的新颖性维度和有用性维度产生差异性直接影响。

2. 不同团队意愿对不同类型负反馈效应的传导

为了解释不同类型负反馈对团队创造力的影响，我们有必要针对控制型负反馈和信息型负反馈作用于团队创造力的差异性路径进行深入挖掘。DeShon 等人提出的团队调控范式认为负反馈首先促使团队意愿发生变化，然后才影响到团队产出[15]。已有研究主要针对团队接收到负反馈后基于效能评价所进行的意愿调控进行研究，这样容易得到负反馈减弱团队效能，从而对团队产出产生负向影响作用的结论[112]。这种通过效能变化来解释负反馈效应的研究思路无法解释在一些情形下，批评、负面意见等负反馈反而对团队创造力起到促进作用的现象。因此，我们还需要结合其他理论，对负反馈影响团队产出的团队调控范式进行补充，才能有效揭示不同类型负反馈通过团队意愿作用于团队创造力的调控机理。

归因理论和团队调控范式结合起来，能够解释不同团队意愿对不同类型负反馈与团队创造力关系的中介作用。Graham 和 Weiner 提出的归因链为：因果前提—因果归因—因果维度—心理结果—行为结果，即人们得到一定的结果之后，对这些结果进行归因（能力、任务难度、努力或运气），归因的结果进一步影响人们的心理或意愿，从而产生一定的行为结果[91]。当团队接收到特定类型的外部负反馈之后，首先会对负反馈进行归因，将负反馈的来源归因于自身效能、任务难度、努力程度或者运气。不同类型负反馈影响到哪种团队意愿取决于人们的归因维度，归因在团队中被传播与共享，使得团队产生一定的评价性反应，即团队意愿的变化，进而影响到团队的产出。

根据归因理论，团队针对反馈进行自我调控，首先需要针对反馈的信息进行判断和归因，团队会做出怎样的反应，主要依赖于它对负反馈来源的归因[88]。不同方式负反馈下，团队的判断和归因不同，体现在团队意愿方面的变化也具有差异。接收到控制型负反馈之后，团队成员得不到其他关于失误来源的信息，加之控制型负反馈的形式比较独断，使得团队成员将负反馈的原因归结为团队自身能力的不足，因此关于团队创造性解决问题能力的评价（即团队创造性效能）会下降，造成团队所提出想法的创造性下降；接收到支持性的信息型负反馈之后，团队依据负反馈附带的信息做出判断，将负反馈的原因归结为任务完成情况的不足，团队对任务的承诺会增强，这种基于任务的意愿调控进一步引发团队认知活动和社会活动参与水平的增强，从而提升了团队创造力水平。

可见，控制型负反馈和信息型负反馈分别通过不同的团队意愿（即团队创造性效能和任务承诺）来影响团队产出。现有研究多关注集体效能在负反馈与团队产出之间的中介效应，忽略了创造性情境下任务承诺对负反馈效应的传导，无法全面解释各种类型负反馈对团队创造力的影响。基于这种研究缺陷，本书结合团队调控范式和归因理论，同时考虑团队的特性来研究不同的团队意愿（即团队创造性效能与任务承诺）在不同类型负反馈与团队创造力之间关系的中介效应，以进一步完善负反馈作用下的团队调控机理。

3. 合作目标相依性作为团队特性对负反馈效应的影响

考察团队层面的负反馈效应不能脱离团队本身的特性，团队最本质的特性是成员所持目标之间的相互依赖性。根据社会相依性理论，如果团队成员之间目标呈现合作性相互依赖，即在合作目标相依性比较高的情形下，团队成员会进行积极、良性地互动[56]。

社会相依性理论与激发型信息处理视角结合起来，可以解释合作目标相依性在团队创造情境中对外部因素影响的调节作用。高程度合作目标相依性以成员主动为团体内其他成员提供有效的帮助、支持，成员彼此之间慷慨交换信息和资源为特征；低程度合作目标相依性下，成员则只关心自己的目标，要么在别人的进度中设置障碍，要么对别人的活动毫不关心[133]。可见，合作目标相依性的程度决定了团队创造过程中信息共享，也就是社会信息处理的程度。当接收到与团队工作进程相关的负反馈时，高程度合作目标相依性的团队内成员相互间存在促进式互动，能够成熟地面临否定，高效地解决问题，团队内部成员能够互相支持，互相感召，通过协作和共享削弱某些负反馈对团队创造力的负向影响，增强另外一些负反馈对团队创造力的正向影响。因此，这两种理论的结合可以有效解释团队创造情境下合作目标相依性对负反馈效应的调节作用。

社会相依性理论与团队调控范式、归因理论结合起来，可以有效揭示传导合作目标相依性的调节效应的团队调控机理。基于团队调控理论和归因理论，来自外界的负反馈通过影响两种不同的团队意愿——团队创造性效能和任务承诺，从而影响团队创造力。然而，我们无法忽略的是，这种影响机制发生在团队这个内部成员相互依赖的动态系统中。根据社会相依性理论，团队成员目标相互依赖的程度还影响到团队的意愿。在合作的、积极的相依性中，成员之间彼此支持，对团队协作所产生的能力充满信心[134-135]，同时，成员对任务投入的心理承诺最大，成员甚至可以为了团队任务的完成而舍弃个人利益；在竞争的、消极的相依性中，团队成员彼此之间并不信赖，会低估团队协作所产生的集体能力[136-137]，对任务在心理方面的承诺很弱。由此可见，接收到特定类型的外部负反馈之后，不同程度合作目标相依性的团队在团队创造性效能和任务承诺方面的变化具有较大差异，比如说，接收到信息型负反馈后，这种外部负反馈和团队内部高水平合作目标相依性的结合会激励团队大幅度提升其对于任务的承诺，这种得到增强的正向效应又会进一步被传导给团队创造力。因此，我们可以综合上述几种理论去研究不同团队意愿对合作目标相依性在负反馈与团队创造力之间的调节效应的中介作用。

综上所述，考察不同类型负反馈能否以及如何影响团队创造力，需要分析控制型负反馈和信息型负反馈对团队创造力的直接效应和通过团队意愿所产生的间接效应，合作目标相依性所带来的调节效应以及这种调节效应是如何产生的。基于团队应对负反馈的调控范式，本书综合了激发型信息处理视角、归因理论、社会相依性理论，探讨不同类型负反馈与团队创造力的关系，在这种关系中团队创造性效能和任务承诺所起的作用，以及不同合作目标相依性程度下团队层面负反馈效应的变化，以便揭示不同类型负反馈作用于团队创造力的内在机理，这是本书研究的动机和出发点。

基于此，本书提出了如图 3－1 所示的理论模型。

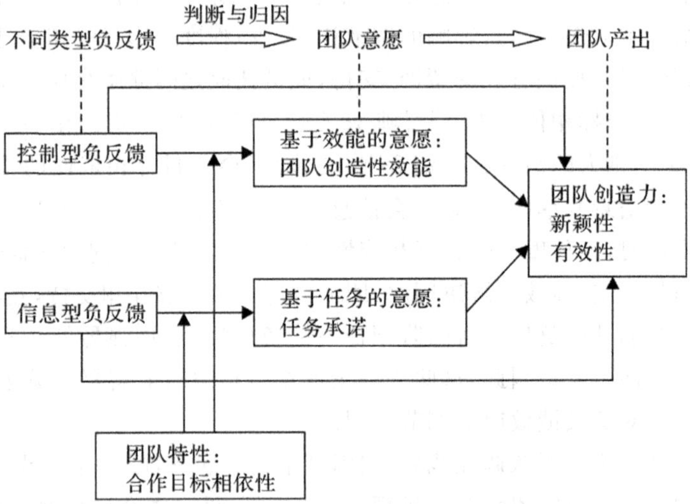

图 3－1 概念模型

第三节 假设提出

一、不同类型负反馈对团队创造力的影响

1. 控制型负反馈对团队创造力的影响

当负反馈以控制性的方式提供时，它所表达的不仅仅是对团队前期行为表现的负面评价，还包含着团队产出必须达到特定标准的愿望，以及规范和约束团队后期行为表现的意志[39,138-139]，以这种方式提供的负反馈过于武断、封闭，会导致团队在创造过程中早早结束对信息的认知处理，从多方面削弱团队所提出想法的新颖性程度和有效性程度。

首先，团队中新奇想法的产生需要从多个角度进行发散性思维（divergent cognition）[130]，控制型负反馈往往附带着对团队所提交的想法和问题解决方案所应该达到的标准设置，根据认知关闭理论，如果团队中存在先入为主的设想和标准，团队中容易形成思维定式，这种认知障碍会抑制团队中新颖独特的想法产生[132,140]。Goncalo 和 Staw 提出，在问题解决中设置已有的标准会导致机械思考，从而降低团队创造力[61]。可见，新想法的产生需要一种在框架外思考（think outside the box）的认知能力，而控制型负反馈所提供的标准则恰恰成为限制团队创造性思维产生的框架（box）。

其次，在接收到控制型负反馈的团队中，组织的意愿被强制性地灌输给团队成员，组织领导所提出的设想在想法选择过程中占据着绝对权威的地位，鉴于提供负反馈的组织领导并不亲身参与团队任务实践，如果不加辨别地服从他们的要求，会影响问题解决方案的有效性。已有研究表明，团队中不同意见、少数派想法和批评的表达都可以促进创造性想法的产生，而缄默和从众行为则成为团队创造力的障碍[78,141]。虽然团队成员对任务具体细节了解较深，容易产生不同意见，但是迫于组织的压力，他们会认为，提出异议，要么危险，要么无用，从而屈从于组织意见，由此形成的“组织缄默”不利于对团队想法中的瑕疵和不足进行修正，从而影响想法和问题解决方案的有效性[142]。

最后，控制型负反馈是强迫团队达成某种行为成果的一种外部力量，反馈接收团队感到它的行为受到组织的控制，而不是属于自己的意愿，根据动机理论，这种控制性的外在诱因会损害团队成员参与创造性活动的内部动机[138-139]。Ryan 提出，如果组织强调负反馈对象必须要想出某种想法，得出某种结果或者达到一定程度的质量，就会削弱接受者参与创造活动的动力[39]。Zhou 发现控制型负反馈会

削弱个体的内部动机和创造力[40]。在团队层面，由于控制型负反馈往往以强硬性的态度给出，也容易使团队成员产生心理上的抵触。团队成员会选择用任务完成过程中的消极怠工来抵抗这种外部压力，对创造性活动的参与也会下降，从而造成团队中产生想法的新颖程度和有效程度降低。

基于以上分析，本书提出：

假设1：控制型负反馈对团队创造力的新颖性维度(a)和有效性维度(b)产生负向影响。

2. 信息型负反馈对团队创造力的影响

信息型负反馈虽然对团队的行为表现做出负面评价，但这种负反馈伴随着有助于改善与团队任务相关的思路、方法、程序和计划的信息给出，有助于消除团队创造过程中记忆障碍和思维定式两方面的认知障碍，因此，信息型负反馈从多方面提升团队所提出想法的新颖程度和有效程度。

首先，团队中成员技能、经验都比较多样化[2,143-144]，在创造过程中伴随着大量信息的涌现，但由于存在记忆障碍，很多信息无法在问题解决过程中发生作用[138-139,145-146]，信息型负反馈提供了被团队忽略和遗忘的信息，这可以帮助团队的内隐记忆外显化，同时恢复已经遗忘的外显记忆。记忆障碍的消除为团队创造提供了更多智力材料，这有助于提升想法和问题解决方案的新颖性和有效性[2]。

其次，共享信息的团队有聚焦普通信息而非独特信息的倾向[130]，激发型信息处理视角认为与外部威胁相关的信息可以打破这种倾向，促进团队展开对信息多角度、体系化的认知处理[75]，从激发型信息处理视角看，信息型负反馈能对团队认知模式产生革新性冲击，打破阻碍团队中创造性想法产生的内隐设想，发现并打断限制性的思维定式，帮助团队产生新的问题解决思路。

再次，信息型负反馈是一种启发式的负反馈，它提供相关信息来帮助团队改善其行为表现，没有约束性和限制性，不把反馈提供者的意愿强加给反馈接受对象，也不限制团队支配自身行为的自由。支持性信息的提供使团队成员感知到组织对团队任务的重视，而且在改善行为绩效的同时，团队成员还得到了更大的自由和发挥空间，他们以更开放的态度参与创造过程，踊跃提出关于任务的不同设想，从而不断激发出新颖、有用的想法和问题解决方案。

最后，信息型负反馈对团队创造持有发展性的态度[39]，使团队成员较少感受到外部的压力，完成活动的动因主要源于主体内部，成员内部动机的提升有利于团队中新奇和有用想法的产生。Zhou 提出，应尽量以一种信息型的方式向员工提供一些有助于他们进一步学习、发展和改善目前工作状况的建议，这种注重于员工发展的信息型反馈可以促进员工内部动机和创造性的提高[13]。Zhou 在实验中发现，接收到信息型负反馈的个体比接收到控制型负反馈的个体表现出更高的个体创造力[40]。Shalley 认为，当个体预期接收到信息型的反馈时，表现出的创造力要强于预期接收到控制型反馈的个体[68]。团队中的创造性想法主要由个体提出，而且个体创造力的集合与团队创造力具有密切联系。Joo 等人发现发展型反馈对团队创造力有正向影响[21]。因此，信息型负反馈可以提升团队创造力的新颖性和有效性。

基于以上分析，本书提出：

假设 2：信息型负反馈对团队创造力的新颖性维度(a)和有效性维度(b)产生正向影响。

二、不同类型负反馈对团队意愿的影响

1. 控制型负反馈对团队创造性效能的影响

控制型负反馈对团队过去的行为表现所持的否定态度比较强硬，且不附加过多的解释，这种负反馈容易导致团队将负面反馈效价的原因归结于自身效能的不足，从多方面对团队创造性效能产生负向影响。

首先，根据社会认知视角下的效能理论，群体对自身集体效能的判断不仅仅依赖自身经历，外部反馈为接受者对自身效能的判断提供了说服性的信息[84]。结合归因理论，当外部反馈信息无法用完成任务的思路、程序和方法以及外部环境的变化等相关信息来解释时，反馈接受者就会将反馈的原因归结为自身能力[84,91,147]。团队接收到控制型负反馈之后，团队成员得不到其他关于失误来源的信息，团队成员主要基于对自身效能的评价来解释控制型反馈的来源，当组织以控制性的方式提供关于创造活动的反馈，且反馈效价为负时，团队成员所做出的评价性反应就是团队创造性效能的下降。

其次，控制型负反馈下，组织在强制团队服从自己意愿的同时，并不为团队提供有助于改善其行为绩效的建设性意见，使得团队感到组织对团队任务的支持不足。效能理论认为集体效能也受组织对团队任务的资源、投入等方面支持的影响[84]。如果组织全力支持团队任务的完成，团队对自身顺利完成任务的积极预期比较强，集体效能比较高；相反，当团队成员感知不到组织对团队任务的支持时，他们对团队运用各种资源、抵御失败和困难能力的判断就会下降。控制型负反馈一味否定团队的行为表现，却不提供与改善行为表现相关的信息和资源，团队成员感到组织欠缺对创造活动的支持，他们的团队创造性效能会下降。

最后，创造性成果的产生依赖于自主性的氛围和环境[148-149]。如果负反馈倾向于以控制性的手段将团队行为表现调控在自己所期望的水平上，团队氛围就会受控制型负反馈的影响，变得压抑、沉闷，这不利于创造性想法的产生。West 提出，良好创新氛围是产生团队创造性预期的必要条件[150]。可见，控制型负反馈会

破坏团队中的创新氛围，由此，整个团队对自身产生创造性产出的期望值会降低。Varca 和 Levy 通过实验研究也发现团队层面负反馈会引起团队效能下降[112]。

基于以上论述，本书提出：

假设 3：控制型负反馈对团队创造性效能产生负向影响。

2. 信息型负反馈对任务承诺的影响

信息型负反馈虽然也对团队过往的行为表现做出负面判断，但是它提供了与改善任务完成质量相关的信息，并赋予团队足够的自主性，使得团队感受到来自外界地对自身高质量完成任务的支持，因此会提升团队的任务承诺。

首先，归因理论认为，对过错和应受责备行为的自我反应依赖于因果判断，人们对那些得到合理解释的过错行为会做出自我批评和反省，从而增强在任务中的承诺[138-139]。信息型负反馈在否定团队行为表现的同时，提供了有关团队任务完成过程中的思路、程序、方法和计划等方面的缺陷和不足的解释性信息。团队是为了完成特殊复杂任务组合到一起的，当团队得到确切的有关任务完成过程中的失误信息后，不会将反馈效价为负的原因归咎于自我效能，而是结合组织所提供的信息，基于任务做出评价性反应。当认识到任务完成过程中的不足之后，团队关于改善任务完成质量和增强任务投入的承诺会得到提升。

其次，信息型负反馈没有为团队成员提供有关创造性想法及问题解决方案所必须满足的标准和限制，这有利于团队成员对任务完成过程中的目标、策略（如决策）和过程（如沟通）进行反思，发现存在的问题，建立改善的思路。信息型负反馈为团队关注任务本身特性提供了开放性、建设性的环境，这种环境下，团队认为任务的质量能够通过自身努力得到改善，因此投入任务中的承诺水平会增强。Lant 和 Hurley 的研究虽然没有针对信息型负反馈，但发现当接收到负反馈的团队认为情况能够被改观时，投入任务中的承诺水平会提升[27]。

最后，尽管团队成员具有多样性的经验和技能，信息型负反馈却使他们感知到自己某方面任务的达成具有不尽人意的方面，这在团队看来，是一种外部威胁；另外，信息型负反馈又为团队提供了有关如何处理这些威胁的信息。受到信息型负反馈认知激发效应的影响，团队成员会针对任务展开集体讨论，找出问题存在的地方，并希望在下轮任务进行过程中调整完成任务的思路、方法、程序和计划。De-Dreu等人认为，当团队感知到关于任务本身的外部威胁时，会增强对任务的责任感[75]。可见，信息型负反馈可以激发团队的任务承诺。

基于以上论述，本书提出：

假设 4：信息型负反馈对任务承诺产生正向影响。

三、团队意愿在不同类型负反馈与团队创造力之间的中介作用

1. 创造型集体效能在控制型负反馈与团队创造力之间的中介作用

根据效能理论，团队创造性效能主要从选择行为、努力的付出以及思维方式几方面影响团队创造力[151]。

首先，对自我效能的判断，部分地决定着人们对活动的选择[152]。团队虽然具有完成任务的明确目标，但是他们可以选择采用常规方法解决问题和创造性解决问题两种标准。团队创造性效能会影响团队成员关于任务达成的标准设置。日常生活中，人们倾向于避开他们认为超出自己能力范围的任务和处境，而毫不犹豫地选择他们认为有能力处理的事情。创造性地完成任务相比采用常规方法完成任务来说，对团队的要求更高，挑战更强。缺乏勇气的自我怀疑极容易成为团队创造性完成任务的障碍。只有团队创造性效能高的团队才会设置创造性目标，积极投入到创造性想法的产生过程中去，直到成果的新颖程度和有用程度都令他们满意为止。

其次，团队创造性效能高的团队在创造过程中投入的努力程度更高。团队中创造性想法的产生过程中，往往面临困境和障碍。这种情况下，效能评价就决定了人们付出多少努力，坚持多长时间。集体效能感越强的团队，付出的努力就越多，持续的时间就越长[84]。当处于创造的瓶颈期时，那些被团队创造性效能的自我怀疑所困扰的团队会降低他们的努力程度或者彻底放弃；而那些有着强烈创造性效能感的团队，则会付出更大努力去克服困难[153]。坚持不懈的努力会得到更具有创造性的想法和问题解决方案的回报。Quigley 发现，具有较高集体效能感的团队，在困难的任务情景中会投入更多的认知努力，决策有效性更强[124]。

最后，团队创造性效能高的团队在思维方面的自如性也比较强。团队虽然具有多样性技能和经验，但是如何将这些技能和经验整合在问题解决方案中，就需要一定的自如性。思维方面的灵活性和自如性与努力程度相比，对创造力有着更重要的作用。人们对自身能力的评价，影响到他们与环境直接的和预期的互动过程中的思维方式和情感反应。那些感到自身处理问题不得力的团队，注意力会停留在团队的缺陷和不足方面，并且把潜在的困难看得比实际上要可怕得多[151]。这种自我疑虑会损害人们对自身效能的有效运用。相反，具有强烈团队创造性效能感的群体则会将注意力集中于任务方面，很少在认知过程中自我设限，也更能够自如地运用创造性技能，因此产生的想法更新颖，也更有效。隋杨等人发现团队创造性效能对团队创新产生正向影响[154]。

基于以上论述，本书提出：

假设5：团队创造性效能对团队创造力的新颖性维度(a)和有效性维度(b)产生正向影响。

根据团队调控范式，控制型负反馈作为外部观测者对团队行为表现的一种评估，需要通过团队自身的评价性反应，才能作用于团队的创造性产出。控制型负反馈不提供关于失误来源的多余解释，这种控制性、强硬的反馈方式导致团队基于效能评价做出自我反应和调节，当反馈效价为负时，团队创造性效能就会下降，低团队创造性效能导致团队在创造性活动中投入得更少，标准设置得更低，认知灵活性也更弱，从而降低了团队所提出想法的新颖性和有用性。

通过以上分析可知，控制型负反馈对团队创造性效能具有负向影响，而受到削弱的团队创造性效能又进一步导致团队创造力的新颖性维度和有效性维度受挫。研究发现，基于效能评价的团队反应在外部反馈对团队产出的关系之间发挥着中介效应，团队创造性效能可以解释关于团队前期绩效的反馈对后期绩效的影响[15]。DeShon等人的研究发现，团队效能是反馈与团队绩效之间的中间变量[15]。因此，团队创造性效能是控制型负反馈和团队创造力之间的中介变量，控制型负反馈通过影响团队创造性效能，然后进一步影响团队所提出想法的新颖性程度和有效性程度，团队创造性效能传导了控制型负反馈对团队创造力两个维度的影响效应。

基于以上论述，本书提出：

假设6：团队创造性效能是控制型负反馈与团队创造力的新颖性维度、有效性维度之间的中介变量，即控制型负反馈可以通过影响团队创造性效能来影响团队创造力的新颖性维度(a)、有效性维度(b)。

2. 任务承诺在信息型负反馈与团队创造力之间的中介作用

任务承诺促使团队对完成任务的思路、方法、程序和计划进行回顾和评价，发现其中存在的问题，并寻找解决方法以便进行调整，这有利于增强团队创造力的新颖性和有效性。

首先，高程度任务承诺能够增强团队成员对任务过程及其相关成果的敏感度和兴趣，打破那些功能不良的日常惯例，发现与内外部环境变化相关的新信息，以及伴随着这些信息所存在的潜在价值，从而在创造过程中产生新的突破[58]。其次，对任务的承诺可以促使团队成员对有关任务的不同意见和设想持开放态度。Shalley认为，对不同设想的开放态度有助于削弱群体中的思维刚性，增强团队认知的灵活性，从而刺激团队产生更具有原创性和新颖性的问题解决方案[68]。最后，高程度的任务承诺下，团队成员不会一味依靠过往经验和路径来行事，他们更容易质疑团队中已经形成的关于问题的假设，由此对问题产生多角度、多方面的解释，对已经发生的情况产生新的理解。West提出，团队中关于任务的承诺有助于成员解释潜在问题，形成详尽计划，产生更新颖的想法[150]。

同时，任务承诺促使团队成员以一种自我批评的态度对任务完成过程进行查疑补缺，高度关注团队内外部环境的变化，这有利于提升团队中想法和问题解决方案的有效性。对任务高度关心的团队成员会摒弃浅层次的信息处理活动以及基于常识和经验进行决策的模式，转而采取深层次的信息处理过程以及基于推理和思考进行决策的模式，由此产生的想法变得更加有效[80]。同时，任务承诺对下一轮任务制订计划、协调团队内外部活动等方面的作用尤其重要。De-Dreu 认为，对任务高度投入的团队很少受不正确推理和决策错误的影响[155]。Bechtoldt 等人通过实验研究发现，当团队对任务过程富有责任感时，团队所产生的想法更加新颖、有效[60]。由此可见，高程度任务承诺下，团队成员对他们实际工作的了解更为深入透彻，产生的想法也更有用。

另外，从团队创造的特质来看，这一集体创造过程始终伴随着不确定性与模糊性，任务承诺有助于团队成员针对任务进行系统性思考，利用彼此的专业特长、知识与技能整合团队中积累的信息，对任务中模棱两可的问题进行审视，根据创造过程中内外部环境的变化及时地做出调整，以应对这种不确定性和模糊性。同时，任务承诺还可以改变团队成员的心智模式，使得他们的思考更具创新性、发散性与批判性[156]，这种情况下，成员容易展开建设性辩论，而适度的争辩又可以促使团队产生更加新颖、有效的想法。

基于以上论述，本书提出：

假设 7：任务承诺对团队创造力的新颖性维度(a)和有效性维度(b)产生正向影响。

根据归因理论，当反馈伴随着任务相关信息，以自主性、发展性的方式给出时，团队就会基于任务评价来做出自我批评和调节。反馈效价为负时，团队成员所做出的评价性反应就是对于任务的承诺增强，这种增强的任务承诺促使团队打破团队中的认知和行为惯性，针对任务完成过程进行查疑补缺，更好地应对团队创造过程中的不确定性和模糊性，从而产生更多新颖和有用的想法。同时，根据激发型信息处理视角，当团队从信息型负反馈当中感知到外部威胁时，会产生进行高程度认知交互的动机，信息型负反馈引发团队对任务完成过程中的方法、途径的高度重视，这会刺激团队对信息的认知处理活动，从而进一步影响团队所产生想法的创造性。

根据上文分析可知，信息型负反馈促进团队对任务的承诺，任务承诺进而提升团队创造力的新颖性和有用性。虽然没有研究直接证明任务承诺在信息型负反馈与团队创造力之间的中介作用，但 LePine 等人发现任务承诺可以传导团队目标对团队创新的影响[157]，Ooi 发现变革性领导和团队共享愿景通过影响任务承诺作用于团队绩效[158]。可见，信息型负反馈对团队创造力两个维度的影响效应是由任务承诺所传导的，也就是说，任务承诺是信息型负反馈和团队创造力两个维度之间的中介变量。

基于以上论述，本书提出：

假设8：任务承诺是信息型负反馈与团队创造力的新颖性维度、有效性维度之间的中介变量，即信息型负反馈可以通过任务承诺来影响团队创造力的新颖性维度(a)、有效性维度(b)。

四、合作目标相依性的受中介的调节作用

1. 合作目标相依性在控制型负反馈与团队创造力之间的作用

激发型信息处理视角认为认知激发因素决定团队创造中信息认知处理的深度，对团队创造力起到重要作用，然而，De-Dreu等人提出，社会激发因素如团队成员之间目标相互依赖的程度决定了团队成员是否积极分享信息，和认知激发因素一起，决定最终的团队创造力水平[78]。

在团队中，成员各自持有一定的个体目标，也有完成团队任务相关的共同目标。Roseth等人提出，在这种情形下，团队成员之间的目标积极性依赖的程度，即合作目标相依性就成了决定他们是否能够良好协作，是否能够慷慨共享信息、资源的重要社会激发因素[159]。当团队接收到控制型负反馈之后，团队认知关闭提前，对信息的认知处理水平会下降，然而，如果团队中具有较高的合作目标相依性，根据社会相依性理论，团队成员倾向于在积极互动过程中共享信息，信息范围和质量的提升在某种程度上削弱了较低的信息认知水平的影响。控制型负反馈所提供的约束性标准虽然会成为限制团队创造的框架，然而，Tjosvold等人发现在高程度合作目标相依性的团队中，团队成员对发表不同意见具有较少的保留和顾虑，因此容易展开开放的建设性辩论[133]，这在一定程度削弱了控制型负反馈所提供标准对团队创造，特别是对团队所提出方案的新颖性的挫伤。

在高程度合作目标相依性下，如果组织领导或者组织外部观测者向团队提供了一些不利于方案有效性的错误信息，并且强硬地要求团队接收，团队成员由于目标一致，也能够通过合作鉴别出这些错误信息[55]，团结起来抵御这些错误信息，从而保证团队所提出方案的有效性不会受到太大影响；相互依赖的合作目标下，团队内具有高程度的心理安全感，接收到控制型负反馈之后，团队参与创造的动机虽然会被削弱，但是受合作目标的驱使，团队成员仍然会投身于创造性解决团队任务的工作当中，也就是说，合作目标相依性程度越高，团队创造力受控制型负反馈的负向影响越弱。

基于以上论述，本书提出：

假设9：合作目标相依性减弱了控制型负反馈与团队创造力的新颖性维度(a)、有效性维度(b)的负向关系。

高度合作目标相依性下，当团队接收到控制型负反馈之后，高度一致的目标

结构使得团队成员互相信任、互相支持[160-161]，从而减弱了控制型负反馈对团队对自身创造性解决问题的信心的挫伤程度，这种调节效应被进一步传导给团队创造力。

Bandura 在论述集体效能的影响因素时提出，群体成员对集体效能的评价并不仅仅由来源于外部的信息、评价所决定，他们还会综合群体自身特性来判断自己所处的集体完成某项任务的能力[84]。如果团队成员彼此之间目标处于高度一致的状态，他们就会认为这个临时组建的团队是强有力的，接收到外部控制型负反馈之后，虽然团队成员关于团队创造性解决问题能力的判断会受到反馈信息的影响，但是，团队内部目标结构特征也为他们对这种能力的判断和评估提供了参考依据。高程度合作相依性下，团队创造性效能相对不易受到控制型负反馈的削弱。Bandura 针对这一现象做了论述，他认为，受到外部负面威胁之后，如果集体内部目标一致，那么集体效能受这种外部负面威胁的影响很小[84]。可见，沉浮与共的目标状态下，团队关于自身创造性解决问题的能力判断就难以受到外部干扰和否定信息的影响，他们甚至会团结起来抵抗控制型负反馈对团队的负面评价。由此可见，合作目标相依性为团队创造性效能评判提供了诊断性的信息，同时也能够削弱控制型负反馈对团队创造性效能的挫伤度。

在具有高程度合作目标相依性的团队中，如果团队创造性效能受控制型负反馈的削弱较小，那么，一方面，团队成员在团队任务中所投入的努力程度不至于下降太多，虽然遭到强硬否定，但团队成员预计他们仍然会在合作目标的激励下提出新颖、有效的想法或问题解决方案来，因此会在团队创造活动中花费时间和精力[161]；另一方面，团队创造的自如性和灵活性不会被严重削弱，高程度的合作目标相依性下使得一些团队成员无视外部评估者的否定，他们仍然可以发散性地解决问题，提出独特、有效的想法来，因为他们知道，这种贡献至少在团队内部是被肯定、被拥护的。由此可见，合作目标相依性通过削弱控制型负反馈对团队创造性效能的负向影响，从而削弱团队成员在创造性活动中的投入减少程度，使得他们参与合作时提出想法的自如性受到的影响不大，从而间接减弱了控制型负反馈对最终提出的想法和方案的新颖程度和有效程度的负向影响。

基于以上论述，本书提出：

假设 10：合作目标相依性对控制型负反馈与团队创造力的新颖性维度(a)、有效性维度(b)之间关系的调节效应受到团队创造性效能的中介。

2. 合作目标相依性在信息型负反馈与团队创造力之间的作用

合作目标相依性作为一种社会激发因素(social motivaiton)，可以促使团队成员积极共享信息，提升信息处理的宽度。正如 De-Dreu 等人所描述的，在存在社会激发因素的情况下，认知激发因素（信息型负反馈）对认知处理活动产生的作用更强[75]。

首先，虽然信息型负反馈使得团队创造的认知关闭被延迟，但是这些对信息的认知处理需要建立在一定的信息基础之上，否则即便团队未结束讨论，但是他们仍然在进行一些重复的集体认知活动，对提升想法新颖性和有效性的贡献不大。团队成员虽然具有多样化技能和经验，但是他们不轻易共享这些隐性资源。Wang等人在中国所开展的实证研究表明，在合作目标下，团队成员会积极共享更多、更高质量的信息[161]。耿紫珍、刘新梅、沈力的实证研究表明合作目标相依性作为社会激励因素，通过促进科研团队内部的知识共享促进科研团队创造力[96]。高程度合作目标相依性下，信息数量的增加和质量的提升为后期对信息的认知处理打好了基础，接收到信息型负反馈之后，团队的认知信息处理质量更高，团队创造力得到大幅度提升。

其次，虽然信息型负反馈更注重团队的发展，但是它仍然是对团队的一种否定，也会让团队感知到外部威胁。团队自身具有一定不稳定性，在接收到外部威胁的情形下，责任推诿和冲突是不可避免的，这种情况下，团队成员无法坦诚、公开地交流关于任务的不同意见。Chen 等人指出，合作目标相依性高的团队中，成员之间彼此处于沉浮与共的状态，因此他们能够很好地解决争端，会为了团队利益而团结一致，投入时间与资源[134]。因此，当接收到信息型负反馈的时候，合作目标相依性高的团队在团队创造过程中的投入和贡献会更多，冲突和责任推诿会减少，所提出想法的新颖性和有效性的提升程度会更强。

最后，信息型负反馈不控制团队，不为团队创造提供标准，给予团队较大的自如性和发挥空间。如果团队内的合作目标相依性越高，成员之间会发生更多的人际交互，从而促进团队成员相互之间的合作和协调，齐心协力投入团队创造中。Chen 曾提出，当团队中同时具备合作性和自如性的时候，团队能够实现良好的产出、绩效等结果[162]。高程度合作目标下，信息型负反馈所激发的自如性的作用得到较好的发挥，团队所提出的问题解决方案也就更加新奇、有效。由此可见，合作目标相依性增强了信息型负反馈对团队创造力的正向影响作用。

基于以上论述，本书提出：

假设 11：合作目标相依性增强了信息型负反馈与团队创造力的新颖性维度(a)、有效性维度(b)的正向关系。

高强度合作目标相依性下，团队高质量完成任务的承诺受到信息型负反馈的刺激，会大幅度增强，这种受到合作目标相依性“放大”的信息型负反馈对任务承诺的正向促进作用又进一步传导给团队创造力。

由于团队根据信息型负反馈所做出的基于任务的承诺是一种集体性的意愿，因此其也受到团队成员目标相互依赖特征的影响。在高程度合作目标相依性下，团队成员为实现共同的目标努力，每个人的成败都会影响到其他成员和整个团队。成员越需要依赖他人的支持与合作，也越能感觉到自己对他人工作的责任感，社会认知理论认为当个体利益与团队成就相联系时，即合作目标相依性较高的情形下，成员对团队任务具有较高的责任心。Staw 研究发现，当团队成员对团队中的产出负责时，他们对任务的承诺会增强。因此，在合作目标相依性高的团队中，成员接收到信息型负反馈后，任务承诺会增强得更厉害[163]。

虽然信息型负反馈所伴随的启发性信息能够使团队致力于任务的改善方面，负面的反馈效价作为一种外部施加的压力，可能会分散团队成员对任务本身的注意力。根据社会相依性理论，合作目标相依性能够将团队成员团结起来，使群体抵抗外部压力的能力增强。接收到信息型负反馈之后，团队内部成员能够互相支持，互相感召，聚精会神地投入到任务中去。由此可见，合作目标相依性增强了信息型负反馈对团队高质量完成任务的承诺的正向影响。

当团队的任务承诺得到大幅度提升时，团队成员能更好地辨认任务中可能存在的问题，同时对团队环境以及与其相联系的交换关系进行密切监控，他们共享信息、共同承担责任，能够互相帮助、互相促进。团队成员能够成熟地面临否定，高效地解决问题，遇到困难也不会退缩，齐心合力的贡献更多的力量、资源、时间和精力到团队问题解决中去，以求高质量、创造性完成任务[58]。由此可见，合作目标相依性加强了信息型负反馈对任务承诺的正向影响，而任务承诺又进一步将这种正向影响传导给团队创造力，使得团队成员合作提出的想法更加新颖、有效。

基于以上论述，本书提出：

假设 12：合作目标相依性对信息型负反馈与团队创造力的新颖性维度(a)、有效性维度(b)之间关系的调节效应受到任务承诺的中介。

第四节 本章小结及研究概述

本章在以往研究的基础上，基于团队调控范式提出了不同类型负反馈通过引发不同聚焦点的团队意愿调控而作用于不同特性的团队创造力的因果路径，并结合激发型信息处理视角、归因理论和社会相依性理论构建了描述控制型/信息型负反馈、合作目标相依性、团队创造性效能、任务承诺和团队创造力之间关系的理论模型，综合上述理论详细论证了有关不同类型负反馈通过团队意愿影响不同特性的团队创造力的主效应、中介效应以及受中介作用的调节效应的研究假设。本章所提出的研究假设见表 3-1。

表 3-1 研究假设一览

假设	内容
假设 1	控制型负反馈对团队创造力的新颖性维度(a)和有效性维度(b)产生负向影响
假设 2	信息型负反馈对团队创造力的新颖性维度(a)和有效性维度(b)产生正向影响
假设 3	控制型负反馈对团队创造性效能产生负向影响
假设 4	信息型负反馈对任务承诺产生正向影响
假设 5	团队创造性效能对团队创造力的新颖性维度(a)和有效性维度(b)产生正向影响
假设 6	团队创造性效能是控制型负反馈与团队创造力的新颖性维度、有效性维度之间的中介变量,即控制型负反馈可以通过影响团队创造性效能来影响团队创造力的新颖性维度(a)、有效性维度(b)
假设 7	任务承诺对团队创造力的新颖性维度(a)和有效性维度(b)产生正向影响
假设 8	任务承诺是信息型负反馈与团队创造力的新颖性维度、有效性维度之间的中介变量,即信息型负反馈可以通过任务承诺来影响团队创造力的新颖性维度(a)、有效性维度(b)
假设 9	合作目标相依性减弱了控制型负反馈与团队创造力的新颖性维度(a)、有效性维度(b)的负向关系
假设 10	合作目标相依性对控制型负反馈与团队创造力的新颖性维度(a)、有效性维度(b)之间关系的调节效应受到团队创造性效能的中介
假设 11	合作目标相依性加强了信息型负反馈与团队创造力的新颖性维度(a)、有效性维度(b)的正向关系
假设 12	合作目标相依性对信息型负反馈与团队创造力的新颖性维度(a)、有效性维度(b)之间关系的调节效应受到任务承诺的中介

考虑到团队所面临的任务熟悉程度时有差别,我们设计了两轮实验研究。研究一采取实验参与者(本科生)比较熟悉的大学背景设计实验任务,针对熟悉任务背景下不同类型负反馈作用于团队创造力的调控机理进行验证;研究二则采取令实验参与者(本科生)感到陌生的企业背景设计实验任务,针对陌生任务背景下不同类型负反馈作用于团队创造力的调控机理进行验证。这样不仅可以考察本书的研究假设在不同任务背景下是否具有稳定性,对本书所提出的研究假设进行严谨验证,还可以将熟悉任务背景下和陌生任务背景下的负反馈分别影响团队创造力的调控机理进行对照,全面了解各种任务背景下的负反馈效应。

第四章

研究一：熟悉任务背景下负反馈影响团队创造力的调控机理

为了验证第三章提出的理论模型和研究假设,以及更好地考察变量之间的因果联系,更为精确地控制自变量和调节变量的状态,本书采用了实验研究的方法。本章在实验参与者比较熟悉的任务背景下针对负反馈影响团队创造力的调控机理进行研究,首先介绍的是本次研究工作的研究方法,包括实验研究设计、参加本次实验研究活动的被试的人口学特征及其相关信息、研究中对自变量和调节变量的控制方法、团队任务的具体内容、实验研究开展的具体过程、预实验的相关情况、采用的变量测量和统计分析方法等;其次对收集到的数据进行聚合检验、信度分析和效度分析;最后运用统计分析方法考察变量之间存在的相互作用关系,进行假设检验。

第一节 研究方法

一、研究设计与参与人员

本研究采用 3×2 的因子设计,分“控制型负反馈”“信息型负反馈”“控制组(不提供任何反馈)”三种情况,合作目标相依性分“高合作目标相依性”和“低合作目标相依性”两种情况。本研究采用了“先预实验,再正式实验”的严谨研究方法。在正式实验中,297 名实验参加者被随机分配到六种情境的三人团队中,共组成 99 个团队,每个团队完成两轮合作想法产生任务。第一次任务完成之后,由组织者向各个情境下的团队提供不同类型的负反馈,并使各个情境下的团队感知到不同的合作目标相依性。然后测量各个团队的意愿(团队创造性效能和任务承诺),第二次任务完成之后,针对团队在第二次任务中产生的想法测量团队创造力。任务一和任务二以参与实验的本科生所熟悉的大学生活为背景,因此本次研究旨在检验熟悉任务背景下负反馈影响团队创造力的调控机理。

我们从西安邮电大学招募了 297 个大学本科生作为参与人员,他们为了取得课程成绩而参与到实验研究中来,所有参与者均来自该高校管理工程学院。样本中有 54%是男性,46%是女性。参与者的年龄为 18 岁到 24 岁,均值为 20.9 岁。大多数参与者是二年级学生(占 61%),有 39%是三年级学生。22.1%的团队中没有女性,35.4%的团队中有一位女性,27.3%的团队中有两位女性,15.2%的团队中有三位女性①。

由于实验研究要求实验对象(受试者)已掌握相关专业知识,又具有一定的决策判断能力,因此招募大学四年级学生比较合适。但由于大学四年级学生需要准

① 为了控制团队性别构成的影响,本研究将其作为控制变量处理。

备考研、找工作，对实验的参与热情不高，很难招募到合适数量的受试者来参加实验。受现实情况限制，本研究的招募对象主要为大学二、三年级学生。由于本研究中所采用的任务背景均以大学生活为背景，大学二、三年级学生的专业知识和决策判断能力基本上能够满足本实验的要求。

所有的参加者都是以自愿的形式参加。实验正式开始前一个星期，在代课老师的协助下，向管理工程学院二年级和三年级学生发放参与意向调查问卷，希望愿意参与本次研究活动的同学报名，每个报名的学生只能参加一次实验活动。研究者在实验前检查学生的身份，确保没有重复参加研究活动的学生。报名表中要求参与者填写其基本信息(性别、姓名、联系电话等)，以及对实验拟定时间的选择，研究者再根据参加者所选择的实验拟定时间，将他们按照每三人一组随机分配到99个团队中。本次研究活动的正式实验阶段持续开展了两个星期。

四名管理工程学院工程管理专业的四年级学生作为实验协助者参与到这次研究互动活动中。在这四名学生中，有两名男性，两名女性。为了避免实验协助者个人特征对各个团队的意愿、行为和产出造成影响，我们告诉团队成员：本次实验中所提供的反馈结果由院内数名评审专家协商决定，然后将反馈结果写在反馈单上，并由实验协助者将反馈单分发给相应团队。实验协助者并不清楚这次研究的具体假设，只是按照研究活动的要求，协助实验组织者进行任务单、问卷、反馈单的发放，以及问卷和方案的收集等工作。在所获取的99个团队数据中，有2个团队中出现了关于团队意愿的问卷填写不完整的情况，因此这2个团队的数据被删除，最终得到97个团队的有效数据。

二、自变量和调节变量的操纵

在本研究中，我们告知实验参与团队，他们所汇报的想法没有达到外部专家所预期的标准，以此来提供负反馈。Ryan就如何判断某种外部影响是属于控制型负反馈还是属于信息型负反馈做了相应的特征描述[39]，我们根据这些描述，设计了操纵控制型负反馈和信息型负反馈的反馈单上的内容，并通过修改、调整、预实验、再修改等来完善这些内容。

1. 控制型负反馈

控制型负反馈具有下列特征：①操纵性——规定接收对象的行为表现必须达到特定标准；②压力性——向接收对象施压，使他们认为规定必须被执行；③外部意志的干预——令接收对象感到他们的行为表现受到外部意志的监控和干预[138-139]。本研究根据这些特征描述设计了控制型负反馈所对应的反馈单上的文字描述。描述不仅传递了关于负面反馈效价的信息，还传递了控制型反馈的信息。总的来说，其内容主要围绕以下方面：①说明团队在上一期任务中所提出的方案没有达到专家预期的标准；②要求团队在下一期任务中所产生的方案达到专家所要求的标准；③在反馈中使用"必须""务必""一定"等词语，给团队施加压力；④告知团队在下一期任务中组织者、专家将严格关注其行为和产出，以体现干预性。比如，我们提供给第 1 小组的控制型负反馈内容是："第 1 小组方案不够新颖和有效，要求第 1 小组在下轮任务中必须给出符合要求的方案，请注意，我们会监控你们小组在下轮任务中的表现，专家们也会严格考核你们小组所提交的方案。"

2. 信息型负反馈

根据 Ryan 的描述，信息型负反馈不强求团队达到一定的标准或结果，不向接收对象施加压力，同时还要提供有关团队任务完成情况，或者有助于改善团队后期任务质量的建议和信息[39]。

根据这些特征，本次研究活动结合任务一内容，针对性地设计了信息型负反馈在反馈单上的描述。其内容主要围绕以下方面：①说明团队在上一期任务中的方案没有达到专家要求的标准；②提供有关改善任务完成情况的信息；③指出团队拥有采用多样化信息和方法提升方案质量的自由。举例来说，我们提供给第 11 小组的信息型负反馈内容为："第 11 小组方案不够新颖和有效，建议第 11 小组成员综合考虑任务背景特征（时间、地域）、实施对象特征（年龄、注意力）等因素，来提升方案的有效性；同时，你们可以考虑采用类比、转换等思维方法（比如参考一些知名品牌的宣传方法），来提升方案的新颖性，希望本次反馈所提供的建议对你们有所帮助；在第二轮任务完成过程中，你们可以自由运用任何元素、任何思路来完成方案。"

3. 合作目标相依性

高合作目标相依性会使成员感知到团队内部个体目标之间、个体目标与团队共同目标之间都是一致的。低合作目标相依性使成员感知到团队内部个体目标之间、个体目标与团队共同目标之间不相关，甚至处于互相矛盾、相互竞争的状态[164-165]。依照先前学者们在实验研究中所采用的操纵方法，本次研究活动通过设置特定团队目标结构来操纵合作目标相依性[166]。首先将不同的合作目标相依性情境隔离开，然后实验组织者对高合作目标相依性情境下的团队成员宣讲以下指导语："你们参加本次试验的最终目标是获得特定分数的课程成绩，我们将根据团队成员共同合作所提出的想法质量来衡量该团队中成员的课程成绩，每个团队内部所有成员获得的课程成绩是一致的。"对于低合作目标相依性情境下的小组成员，实验组织者所宣讲的指导语为："你们参加本次试验的最终目标是获得特定分数的课程成绩，但该成绩与您所在的团队成员共同合作所提出的想法质量无关，所有参加实验的同学均获得同样的课程成绩。"显而易见，在第一种情境下，团队内部个体目标之间的一致性很强，合作目标相依性比较高；在第二种情境下，团队内部个体目标之间的一致性比较弱，合作目标相依性比较低。

三、团队任务

本次研究活动中所采用的任务是根据研究的需要、实验主题的特征而设计。首先，根据前人有关团队创造力的实验研究中选择团队任务的思路，这种任务应该让成员感知到适度有趣，这样比较符合创造性工作场景下的任务特征，同时又有利于团队成员合作产生创造性的想法；其次，根据本次实验的主题，我们希望实验任务背景比较贴近实验参与者的生活，使得实验参与者感到熟悉，并在比较短的时间内进入任务角色。针对以上两项要求，参考前人考察团队创造力时所使用的团队任务，我们一共设计了两轮任务，第一轮任务是帮助团队成员通过互动来熟悉彼此，并作为提供负反馈的基础，同时，我们还根据各个团队在该轮任务中所提交的想法测量各个团队的初始创造力，以便在数据分析阶段对初始团队创造力进行控制。第二轮任务用于测量团队意愿，并根据各个团队在该轮任务中所提交的想法测量最终的团队创造力。为了使研究任务更加贴近大学生的生活，第一轮任务以近年来我国各大高校对于优质生源的“争夺战”作为任务的大背景。其任务内容如下。

在各个高校的招生战愈演愈烈的情形下，某大学管理学院希望能够吸引到更多综合素质比较高的优秀学生来填报本院志愿。假设你们是这所大学管理学院内部负责 2019 年招生宣传项目的一个工作团队。请团队成员合作，在 15 分钟之内提出一个招生宣传方案，该方案能够提升管理学院在高考志愿填报学生中的影响力，吸引到更多优秀学生及其家长填报本院志愿。我们主要依据两个方面的标准评估小组的方案质量：①新颖性，即方案的新奇程度；②有效性，即方案的有效程度。

在这样的一个任务中，成员之间需要通过合作和交流来共同提出想法。由于任务目的非常明确，方案的评价标准比较清晰，因此，有利于作为提供负反馈的基础，而且有利于团队成员在互动中快速熟悉起来。

同样，在大学生活背景下，本次研究活动设计了第二轮任务。其任务内容如下。

据调查，大一新生在脱离高中生活、进入大学这一新环境之后，都需要一个或长或短的适应期，这个适应期主要围绕学生在学习和生活两方面的调整展开。在学习方面，高中阶段，老师的教学、答疑、辅导活动都比较密集，学校也采取严格管理的模式，以帮助学生升学，而进入大学以后，学校、老师主要起引导性的作用，学生在课外主要以自学为主，这需要学生有比较良好的自控能力；在生活方面，大多数高中生被家长照顾得无微不至，而进入大学之后，他们才开始独立生活，在衣食住行等方面自主决策、自我管理。因此，这个适应期非常重要，如果无法尽快转换角色,快速适应大学生活,大学新生在大学阶段甚至整个人生的成长和发展都会受到严重影响。我们也发现一些令人担忧的现象:有些学生脱离了父母在生活中无微不至的呵护,进入大学后饮食、起居无法自理,甚至衣服都不会洗;有些学生脱离了高中阶段的严格管理模式,进入大学后沉迷于网络游戏无法自拔,荒废了学业。

假设你们是这所大学管理学院中一个负责学生工作的团队,针对该院很多大一新生无法尽快适应大学环境的现象,你们希望采取一些措施,来帮助大一新生快速转换角色,适应大学的学习和生活模式。请团队成员合作,先提出一个能够帮助该院大一新生快速适应大学生活模式和学习模式的方案来。我们主要依据两个方面的标准评估各个小组的方案质量:①新颖性,即方案的新奇程度;②有效性,即方案的有效程度。

在这样的一个任务中,为了取得更加理想的结论,团队成员必须充分考虑来自各方面的影响和可能造成的各种后果及其连锁反应,完成任务需要更灵活、更自如的判断以及更强的投入意愿,整个团队创造性效能和对任务的承诺在创造性想法提出中发挥重要作用,方案的评价标准清晰,因此,本次研究活动认为这样的一个任务属于有利于测试团队意愿和对团队创造力做出评价的团队任务。

需要指出的是,在每一轮任务被宣读之后,团队成员都需要通过问卷填写来评价任务的有趣程度和对任务背景的熟悉程度,评价结果显示,大多数成员(任务一78%;任务二86%)认为第一轮和第二轮任务属于中度有趣,同时,大多数成员(任务一79%;任务二91%)认为对任务一和任务二的背景非常熟悉,这与我们预期的结果相符。

四、实验开展的过程与预实验

实验的参加者们在实验开始之前15分钟到达实验室内。由实验组织者对同一小组内相互认识的成员进行重新编组,并进行一个简短的说明,告诉所有参与小组:在此次实验中每个小组将作为一个工作团队来合作完成两轮想法产生任务。然后安排实验参加者就座。在本次的研究活动中,实验中团队内的参加者们被安排到临近位置的座位上,团队内部成员彼此之间能够很好地进行交流;各个团队的座位之间具有较远的距离,被分隔开来,而且各个团队相互之间不允许交流。

首先,要求各个团队内部进行一个相互介绍的热身程序,目的是帮助团队成员相互熟悉;然后,实验组织者告知所有参与者,他们参与本次实验的个人目标是获得特定课程的成绩(这在实验招募阶段已经告知被招募者),团队目标则是在任务中进行合作提出更新颖、更有效的问题解决办法,以及个人目标与团队目标将以何种结构来达成(用以操纵团队的合作目标相依性,具体控制方式见前文);接下来,实验组织者开始介绍任务一的内容,然后请所有团队在15分钟之内通过合作、交流、讨论来完成关于任务一的解决方案，并提交给实验协助者；任务一结束后，组织者要求各个团队成员填写个人基本资料，以及感知到的任务一有趣程度、对任务一背景的熟悉程度的调查问卷，然后休息15分钟，15分钟后由四名实验协助者将各个团队的反馈单分发给相应团队，要求每个团队内部成员传看反馈单，但严禁团队之间交流他们所接收到的反馈内容，以此来实现对不同类型负反馈的操纵；等团队成员传看完反馈单后，告诉他们接下来将进入任务二阶段，并请所有实验参与者填写测量团队创造性效能和任务承诺的问卷，以及有关不同类型负反馈和合作目标相依性实验操纵有效性的调查问卷，要求他们根据真实情况填写问卷并提交给实验协助者；完成问卷以后，实验组织者带领所有实验参与人员熟悉任务二的内容，要求各个团队完成任务二的想法构思，为了使团队在任务二中充分参与和投入，我们没有限定任务二的时间；待所有团队将其关于任务二的方案以及调查任务二的有趣程度、对任务二背景的熟悉程度的问卷提交之后，整个实验结束。

在正式的实验研究开展之前，本次研究活动采用了先模拟，然后经过预实验的实际演练，最后正式开始研究活动的做法。本次研究活动首先组织了由12名研究生参加的四个小组的模拟实验，实验结束后，举办了一个有关实验程序的讨论会，针对模拟实验中发现的研究设计问题以及调查问卷中存在的问题讨论修改方案，并且根据讨论的结果，调整了实验过程并进行修改和完善，形成了本次研究中采用的反馈单、实验组织者的发言、任务内容以及问卷设计。然后，组织了由30名本科生参加的预实验。预实验的开展主要有以下目的：①验证自变量和调节变量是否得到了有效的控制。其中，包括了反馈单上的描述是否表达了负面反馈效价，是否在不同的情境下展示出恰当的反馈类型，还包括了不同目标结构情境下的团队成员所感受到的合作目标相依性是否具有显著的不同。②帮助实验组织者和实验协助人员熟悉实验开展的过程，并调整实验中采用的描述和发言。③检查整个研究活动的过程和需要的时间。通过预实验经验的积累，本次研究活动进一步完善了正式实验研究的过程。

五、变量测量

本次研究活动中，涉及的关于团队意愿的变量是通过调查问卷的形式来获得数据的。调查问卷中所有的用以测量变量的项目都来自已经使用过的成熟量表，其中，少量的测量条目根据研究需要进行了调整。由于实验研究是在中国开展，因此问卷中所有的项目都是经过翻译的中文量表。翻译过程是按照常用的双向翻译的办法，是请对研究内容不了解的中国研究者经过双向翻译的过程后得到的。所有的问题均采用了李克特七分量表。

1. 操作检验所用测量

1）不同类型负反馈

本次研究活动在实验中利用问卷的方式测量我们的实验操作是否成功，也就是说，团队成员是否能准确地感知到组织所提供的反馈效价和反馈方式。我们参考前人所用的问卷[138-139]，各用三个问题来测试控制型负反馈和信息型负反馈，其中：测试控制型负反馈的条目为，“组织否定了我们的方案，并要求我们在任务二中达到它所设定的标准”，“组织提供给我们的有关任务一的反馈是负面的、控制性的”，“组织否定了我们的成果，并且试图约束我们在后期的行为和表现”；测试信息型负反馈的条目为，“组织否定了我们的方案，并为我们提供了很多关于任务的信息”，“组织提供给我们的有关任务一的反馈是负面的、信息性的”，“组织否定了我们的成果，但给予我们在后期任务中很多自由发挥的空间”。所有 97 个小组的控制型负反馈和信息型负反馈的 R_{wg} 值均超过了 0.70 的临界值（$0.74 \leqslant R_{wg}(j) \leqslant 0.98$），表明这些变量的聚合具有足够的组内一致性程度；控制型负反馈的 ICC(1) 值为 0.22，信息型负反馈的 ICC(1) 为 0.19，均大于组织管理研究中观察到的中位数 0.12，控制型负反馈的 ICC(2) 为 0.71，信息型负反馈的 ICC(2) 为 0.82，两个变量的 Chi-square 值在 0.01 水平下均显著，表明这些变量具有足够的组间差异，因此，我们将每个团队内部成员报告的值取平均，得到这些变量的团队层面测量数据。控制型负反馈的内部一致性系数为0.82，信息型负反馈的内部一致性系数为 0.79，验证性因子分析结果表明两个变量的因子载荷都大于0.6。因此，可以使用该调查结果检验两种不同类型负反馈的操作有效性。

2）合作目标相依性

同样，为了测试团队成员是否准确地感知到我们所操纵的合作目标相依性，我们参照 Tjosvold 的量表编制了测试合作目标相依性的问卷，在实验进行过程中要求团队成员填答[133]，问卷由“团队成员具有清晰、明确的共同目标”“团队成员的目标是一致的”等 5 个题项组成。所有 97 个小组的合作目标相依性的 R_{wg} 值均超过了 0.70 的临界值（$0.78 \leqslant R_{wg}(j) \leqslant 0.99$），表明该变量的聚合具有足够的组内一致性程度；其 ICC(1) 值为 0.22，大于组织管理研究中观察到的中位数 0.12，ICC(2) 值为 0.73，大于临界值 0.70，Chi-square 值在 0.001 水平下均显著，表明该变量具有足够的组间差异，因此，我们将每个团队内部成员报告的值取平均，得到合作目标相依性的团队层面测量数据。其内部一致性系数为 0.75，验证性因子分析结果表明 5 个题项的因子载荷都大于 0.6。因此，可以使用该调查结果检验合作目标相依性的操作有效性。

2. 中介变量和因变量的测量

1)团队创造性效能

对团队创造性效能的测量基于 Shin 和 Zhou 以及 Tierney 和 Farmer 的量表[29,167],同时参考了国内学者隋杨等人的测量方法进行[154]。在前人研究的基础上,我们编制了三题目的量表,提示成员关注他们对于团队而非个人提出新颖、有效想法的能力的信心和判断。示例条目如"我们对本团队创造性解决问题的能力持有信心"。

2)任务承诺

任务承诺主要反映了为团队成员所共享的关于高质量完成任务的期望以及愿意在任务中投入较大努力的承诺。在前人的实证研究中,关于这一变量的测量较为简单,条目也比较少,对于团队来说,成功地完成任务的重要性和团队即将在任务中投入的努力程度等内容进行测量。我们参考前人所采用的测量方法编制了测量团队成员在接收到负反馈之后、任务二开始之前的任务承诺的四条目量表[58,168]。示例条目如"我们将投入很大精力到任务二的完成过程中去"。

3)团队创造力

在本次研究中,我们从两个方面来测量团队创造力,即新颖性和有效性,并根据 Amabile 等人测试想法创造性的方法来进行分析。在实验中,两名不了解本研究目的的研究生针对试验中每个团队所提出想法的新颖性和有效性在七条目测试量表(从 1 到 7,表示新颖性或有效性从低到高)中进行打分[169-170]。

为了保证两名研究生打分的准确性和一致性,在打分之前,我们对两名研究生进行了 2 个小时的培训,内容是关于创造力研究历史的回顾以及对创造性想法的新颖性维度和有效性维度的定义和评价,然后要求他们对模拟实验中所得的 4 个团队想法的新颖性和有效性进行打分,并讨论了评价结果不一致的方面,直到他们达成共识。然后,再要求他们针对预实验中的 10 个团队的创造力两个维度进行打分,发现他们针对各个团队的打分结果显示出足够的内部一致性($r=0.79$)。接下来,要求两名评分者针对正式试验的 97 个团队创造力的新颖性维度和有效性维度进行打分。最后加总平均得出各个团队所提出想法的新颖性程度和有效性程度。

根据以往团队创造力影响因素的研究,团队性别构成可能对团队创造力造成影响[138-139],为了更准确地反映变量之间的联系,我们在研究中控制了团队性别构成的影响。其中,团队性别构成做虚拟变量处理,分"不包含女性""包含一位女性""包含两位女性""全是女性"四种类型,采用三个 0-1 型虚拟变量进行控制。

根据以往负反馈效应的研究,如果控制了各个团队的初始创造力水平,可以更好地反映由负反馈引发的团队创造力变化。本次研究活动使用与测量最终团队创造力(根据任务二结束后各个团队所提交的方案进行测量)的同样方法,请两位研究生对任务一结束后各个团队所提交方案的新颖性程度和有效性程度进行打分，来测量任务一结束后的团队创造力水平。该分数能够反映出没有受到负反馈影响的初始团队创造力，因此，我们在研究中对其进行控制，来考察负反馈对最终团队创造力水平的影响。

六、统计分析方法

1. 方差分析

方差分析主要用来检验 2 个样本以上的总体均值是否存在差异。协方差分析是将一些需要控制的因素作为协变量，在分析控制变量[①]对观察变量的影响时，将这些协变量的影响排除掉，以便更加准确地针对控制因素的影响进行评价。

协方差分析中的协变量应该是连续数值型，协变量之间应该是相互独立的，并且与控制变量之间没有相互影响。

单因素协方差中，总的变异平方和表示为：

$$Q_{总} = Q_{控制变量} + Q_{协变量} + Q_{随机变量} \tag{4-1}$$

协方差分析采用 F 检验，其零假设 H_0 是在多个控制变量的不同水平下，各个总体的均值不存在显著差异。协方差分析的 F 统计量计算公式如下：

$$F_{控制变量} = \frac{S^2_{控制变量}}{S^2_{随机变量}} \tag{4-2}$$

$$F_{协变量} = \frac{S^2_{协变量}}{S^2_{随机变量}} \tag{4-3}$$

以上公式中的 F 统计量均服从 F 分布。如果 $F_{控制变量}$ 的相伴概率小于或等于显著性水平，则控制变量的不同水平对观察变量产生了显著的影响；如果 $F_{协变量}$ 的相伴概率小于或等于显著性水平，则协变量的不同水平对观察变量产生了显著的影响。

2. 多元回归模型分析

多元回归模型主要用来验证一系列因素作为自变量对于一个因变量的影响是否存在，以及这种影响属于什么性质。在本研究中，我们使用 SPSS 19.0 软件对数据进行统计分析。除了一些常规统计描述方法外，本研究主要使用了线性回归来分析中介效应以及受调节的中介效应。

多元回归的原理主要是，根据最小二乘法使各散点与回归模型之间的离差平方和 Q 达到最小的原则，在因变量和多个自变量之间建立最适合的回归方程。其中 Q 的计算公式如下：

---

① 协方差中的控制变量是指人为可以控制的变量，在本研究中指不同类型负反馈和合作目标相依性，不同于回归分析中的控制变量。

$$Q = \sum (Y_i - \hat{Y}_i)^2 \tag{4-4}$$

式中，Y_i 为第 i 次观测值，而$\hat{Y}_i$为回归方程，即

$$\hat{Y} = \beta_0 + \beta_1 X_1 + \beta_2 X_2 + \cdots + \beta_n X_n \tag{4-5}$$

多元回归分析可以对多个自变量同时进行处理，通过分析自变量在因变量总变异中所占的比例，在一定程度上探索它们之间的关系。在回归分析中，对于回归方程的显著性，一般用 F 检验比较回归均方差和均方残差是否存在显著差异。对于自变量对因变量影响的显著性，通过 T 检验对回归系数的显著性进行检验，同时回归系数的正负符号反映了自变量对于因变量影响的性质。根据 ΔR^2 的大小，判断自变量对于因变量影响的相对重要性。

当涉及多个自变量并非同时进入回归方程时，比如包含调节变量或中介变量的研究，目前应用较多的是层级回归分析（hierarchical regression analyses），它可以将自变量分批放入回归方程，然后比较不同方程的整体显著性水平和自变量对因变量变动解释的程度。

3. 中介效应的分析方法

考虑自变量 X 对因变量 Y 的影响，如果 X 通过另一个变量 M 对 Y 传递产生影响，则称 M 为中介变量。中介效应的示意图如图 4-1 所示。中介效应的回归方程式如式(4-6)、式(4-7)和式(4-8)所示。

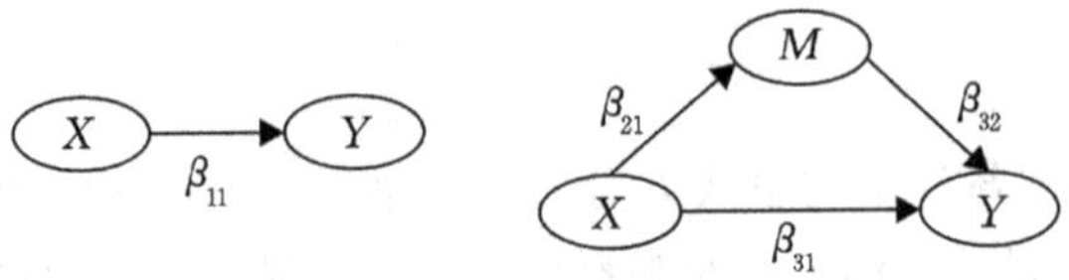

图 4-1 中介效应示意图

不考虑中介变量时，自变量 X 与因变量 Y 的直接关系为：

$$Y=\beta_{10}+\beta_{11}X+\varepsilon_1 \tag{4-6}$$

中介变量 M 对自变量 X 的方程为：

$$M=\beta_{20}+\beta_{21}X+\varepsilon_2 \tag{4-7}$$

考虑中介变量后，Y 与 X 的回归方程变为：

$$Y=\beta_{30}+\beta_{31}X+\beta_{32}M+\varepsilon_3 \tag{4-8}$$

Baron 和 Kenny 指出[171]，M 是否为 X 与 Y 之间的中介变量，需要看以下 4 个条件能否满足：

(1)自变量 X 对于因变量 Y 的作用显著，即在式(4-6)中，β_{11} 是显著的；

(2)自变量 X 对于中介变量 M 具有显著的影响，即在式(4-7)中，β_{21} 是显著的；

(3)将自变量 X 和中介变量 M 同时放入模型中时，中介变量 M 对于因变量 Y

具有显著的影响，β_{32}是显著的；

（4）将自变量 X 和中介变量 M 同时放入模型中，自变量 X 对于因变量 Y 的作用相对于第一步变弱或者变为不显著，即$|\beta_{31}| \ll |\beta_{11}|$。

中介模型中的参数的关系应该满足以下等式：

$$\beta_{11} - \beta_{31} = \beta_{21} \cdot \beta_{32} \qquad (4-9)$$

4. 调节效应的分析方法

如果因变量 Y 与自变量 X 的关系受到变量 Z 的影响，则称 Z 为调节变量。也就是说，Y 和 X 的关系因 Z 而异，Z 可影响 Y 与 X 之间关系的方向（正或负）或强弱。这种影响可以用图 4－2 来示意。

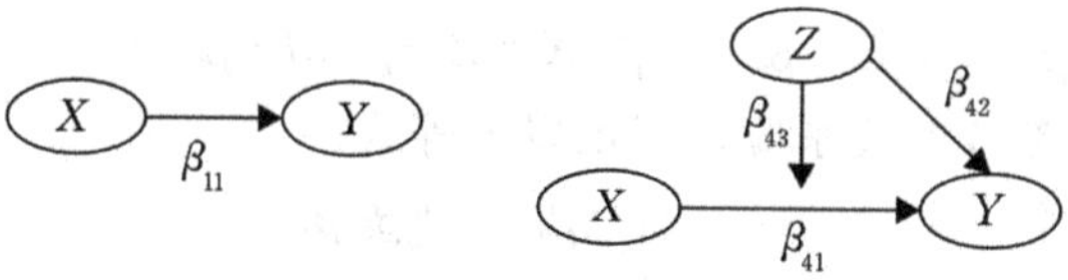

图 4－2　调节效应示意图

从表达式上来看，考虑调节变量 Z 之后，Y 和 X 及 Z 之间的关系式为：

$$Y = \beta_{40} + \beta_{41} X + \beta_{42} Z + \beta_{43} X * Z + \varepsilon_4 \qquad (4-10)$$

对于调节效应，可以用交互项模型来检验。一般采取两步：第一步首先检验自变量 X 和因变量 Y 是否存在显著的相关关系；第二步将自变量 X 和调节变量 Z 相乘后，放入回归方程，看乘积项 $X * Z$ 的系数是否显著。如果乘积项系数显著，则说明 Z 对 X 和 Y 的关系起到了调节效应。值得注意的是，在检验调节效应时，需要对乘积项涉及的变量进行中心化处理。

5. 受中介的调节(mediated moderation)的分析方法

受中介的调节只在调节效应存在的情况下存在。这个调节效应可以描述为自变量 X 对因变量 Y 影响程度的大小取决于调节变量 Z，假定这个影响程度取决于个体差异或者情景变量，那么有中介的调节问题就和与之有关的中介过程相关。受中介的调节可以用图 4－3 来示意。

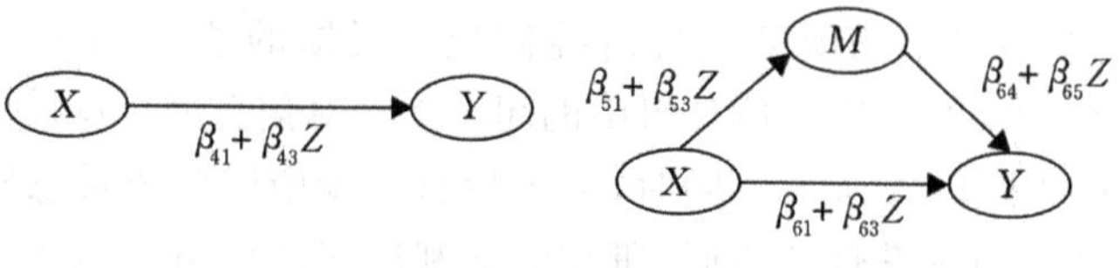

图 4－3　有中介的调节和有调节的中介示意图

有中介的调节的三个基本方程如式(4-10)、式(4-11)和式(4-12)所示。

第一个方程是自变量 X 和因变量 Y 之间关系的调节效果的方程：

$$Y=\beta_{40}+\beta_{41}X+\beta_{42}Z+\beta_{43}X*Z+\varepsilon_4$$

方程(4-10)使得方程(4-8)中自变量 X 对因变量 Y 的整体效果受到 Z 的调节。

第二个方程是自变量 X 和中介变量 M 之间关系的调节效果的方程：

$$M=\beta_{50}+\beta_{51}X+\beta_{52}Z+\beta_{53}X*Z+\varepsilon_5 \quad (4-11)$$

方程(4-11)使得方程(4-10)中自变量 X 对中介变量 M 的效果受到 Z 的调节。

第三个方程如方程(4-12)所示，既包括中介变量 M(部分的)对因变量 Y 的效果受到调节变量 Z 的调节，也包含控制中间变量 M 以后自变量 X 对因变量 Y 剩余的效果受到调节变量 Z 的调节：

$$Y=\beta_{60}+\beta_{61}X+\beta_{62}Z+\beta_{63}X*Z+\beta_{64}M+\beta_{65}M*Z+\varepsilon_6 \quad (4-12)$$

以上模型中的参数的关系应该满足以下等式：

$$\beta_{43}-\beta_{63}=\beta_{64}\beta_{53}+\beta_{65}\beta_{51} \quad (4-13)$$

有中介的调节需要满足以下条件：

(1)方程(4-10)中，β_{43} 是显著的，表明具有整体的调节效应；

(2)方程(4-11)和方程(4-12)中，β_{53} 和 β_{64} 同时显著，或者 β_{51} 和 β_{65} 同时显著；

(3)β_{63} 应该显著小于整体调节效应时的值(在完全中介时可能不显著)。

第二节 操作检验

为了检验实验参与者是否感知到了恰当的负反馈类型，研究活动利用团队成员对负反馈的感知结果对有关负反馈类型的操作进行一次检验。结果显示，控制型负反馈小组中的团队成员对信息型负反馈的感知($n=30$，$\bar{X}=4.144$)显著低于信息型负反馈小组中的团队成员对信息型负反馈的感知($n=36$，$\bar{X}=4.843$)($t=-2.509$，$p<0.05$)，以及控制组中的团队成员对控制型负反馈的感知；类似的，控制型负反馈小组中的团队成员对控制型负反馈的感知($n=30$，$\bar{X}=4.864$)显著高于信息型负反馈小组中的团队成员对控制型负反馈的感知($n=36$，$\bar{X}=3.259$)($t=-6.275$，$p<0.001$)，以及信息组中的团队成员对信息型负反馈的感知。统计结果如表4-1和表4-2所示。同时，为了检验实验中团队成员感知得到的合作目标相依性是否具有显著性的不同，研究活动利用团队成员对团队目标相依性的感知结果进行检验。结果显示，不同情境下的团队成员对合作目标相依性程度的感知显著性不同($t=4.096$，$p<0.001$)。统计结果如表4-3和表4-4所示。

表 4-1　负反馈感知结果的独立样本检验

		方差方程的 Levene 检验		均值方程的 t 检验						
		F	Sig.	t	df	Sig.（双侧）	均值差值	标准误差值	差分的 95% 置信区间下限	差分的 95% 置信区间上限
信息型负反馈	假设方差相等	0.185	0.668	−2.509	64	0.015	−0.699	0.278	−1.256	−0.142
	假设方差不相等			−2.538	63.791	0.014	−0.699	0.275	−1.248	−0.149
控制型负反馈	假设方差相等	1.716	0.195	−6.275	64	0.000	−1.604	0.256	−2.114	−1.093
	假设方差不相等			−6.406	63.878	0.000	−1.604	0.250	−2.104	−1.104

表 4-2　负反馈感知结果的组统计量

	负反馈类型（控制型=1，信息型=0）	N	均值	标准差	均值的标准误
信息型负反馈	1	30	4.144	1.046	0.191
	0	36	4.843	1.189	0.198
控制型负反馈	1	30	4.864	0.901	0.164
	0	36	3.259	1.133	0.189

表 4-3　合作目标相依性感知结果的独立样本检验

		方差方程的 Levene 检验		均值方程的 t 检验						
		F	Sig.	t	df	Sig.（双侧）	均值差值	标准误差值	差分的 95% 置信区间下限	差分的 95% 置信区间上限
合作目标相依性	假设方差相等	0.467	0.496	4.096	95	0.000	1.067	0.260	0.550	1.584
	假设方差不相等			4.107	94.972	0.000	1.067	0.260	0.551	1.582

表 4-4 合作目标相依性感知结果的组统计量

	合作目标相依性(高=1,低=0)	N	均值	标准差	均值的标准误
合作目标相依性	1	47	4.611	1.228	0.179
	0	50	3.544	1.330	0.189

以上数据表明,本次研究中的两个自变量——控制型负反馈和信息型负反馈均得到了有效的控制,本研究中的调节变量——合作目标相依性也得到了有效的控制。

第三节 数据的初步分析

一、聚合分析与信度、效度分析

由于本研究的中介变量——团队创造性效能和任务承诺,这两个作为团队层面的变量是由个人层面的感知整合而来,因此我们首先分析个人层面的变量是否具有组内一致与组间差异。组内一致性程度由 R_{wg} 来反映,可以通过 James、Demaree和 Wolf 的公式计算[172]。经过计算,所有 97 个小组的两个变量的 R_{wg} 值均超过了临界值 0.70($0.76 \leqslant R_{wg}(j) \leqslant 0.99$),表明两个变量的聚合具有足够的一致性程度。此外,我们还使用 Bliese 和 Halverson 的公式计算了反映组间差异程度的指标 ICC(1)和 ICC(2)[173],团队创造性效能的 ICC(1)值为 0.18,任务承诺的 ICC(1)为 0.24,均大于组织管理研究中观察到的中位数 0.12,团队创造性效能的 ICC(2)为 0.73,任务承诺的 ICC(2)为 0.79,两个变量的 Chi-square 值在 0.01 水平下均显著,表明两个变量具有足够的组间差异。聚合分析检验结果表明将个体层面数据聚合到团队层面是可行的,因此,我们将每个团队内部成员报告的值取平均得到这两个变量的团队层面测量结果。

变量的信度(reliability)反映了构成变量的指标的内部一致性,主要是指论证方法和数据的可信性,在测量中是指同一测量工具对同一测量对象得到一致结果的可能性。一般可以利用 Cronbach's α 系数对其内部一致性进行估计和评价,通常在 α 系数大于 0.7 时就可以认为信度符合要求。Nunnally 进一步认为,对于一些新构造的变量,该系数大于 0.6 也是合适的[174]。另外,还有学者认为只要 α 系数大于 0.5 就能说明符合测量信度的要求[175]。虽然本书中关于团队创造性效能和任务承诺的测量均来自国外成熟的量表,但我们对这些测量题项进行了适当调整，因而我们选择 Cronbach's α 系数大于 0.6 作为标准检验变量是否具有内部一致性。表 4－5 给出了团队创造性效能和任务承诺的内部一致性系数和因子载荷情况。从表 4－5 中可以看出，两个变量的 Cronbach's α 系数均大于 0.60，说明本研究所采用的变量在样本数据中表现出了良好的内部一致性特征。

表 4－5　团队创造性效能和任务承诺的信度分析与因子载荷

变量	测量题项	α 系数	因子载荷
团队创造性效能	我们对本团队创造性解决问题的能力持有信心	0.84	0.81
	我们的团队擅长提出新颖、有效的想法		0.79
	我们认为本团队在任务二的完成过程能发挥出创造性解决问题的本领		0.85
任务承诺	我们将投入很大精力到任务二的完成过程中去	0.82	0.82
	我们非常重视本团队在任务二中取得的成绩		0.85
	我们将特别关注本团队在完成任务二的过程中的表现		0.81
	我们会想方设法将任务二完成得更好		0.78

效度（validity）是指一个量表或一组测量能精确测量到所要测量的概念或对象的程度，它是衡量测量的正确性和有效性的指标。按照评估目的和用途不同，效度可分为几种类型，常见的有内容效度（content validity）、同时效度（concurrent validity）、预测效度（predictive validity）、效标效度（criterion-related validity）和结构效度（construct validity）等。一些学者认为，评判一个测量是否具有效度，其评价标准可以通过内容效度和结构效度这两类效度来检验。本研究主要运用验证性因子分析的方法，对样本数据的内容效度和结构效度进行检验，其中结构效度又包括会聚效度（convergent validity）和区分效度（discriminant validity）。

内容效度反映了变量指标在多大程度上涵盖所测事物的本质和范围，主要取决于测量量表产生的实际过程或程序。内容效度可以通过采用现有文献中其他研究者已经验证过的衡量工具来进行评定。内容效度的评定主要通过经验判断进行，可以请一些熟悉该测量内容的人员来评判，确定测量项目与所需测量内容范畴之间关系的密切程度，属于一种主观的和定性的判断方式。为了保证测量量表的内容效度，本研究在提出各项变量的测量指标时，首先，参考了已有的研究文献，结合实际问题的研究背景，对已有的量表进行修订和改编；其次，在问卷填写说明部分为实验参与者提供了对调查变量的解释，在问卷填答之前，实验主持人对每部分所问的问题都进行了比较详尽的说明；再次，通过对模拟实验中的 12 名参与者和预实验中的 30 名参与者的调研和访谈，对量表中各个题项的措辞做了完善；最后，将量表送交有关专家与学者，就内容进行咨询和访谈，在他们的意见基础上，进一步修订后形成最终问卷。经过上述的修订和完善，可以认为本研究的量表具有较好的内容效度。

结构效度是指量表能够测量理论概念或特质的程度，即量表在多大程度上反映了所要测量的变量而不是其他变量，它是理解测验结果含义的最重要的效度指标之一。自从会聚效度和区分效度提出以来，这两种效度在研究中得到了越来越广泛的应用，成为结构效度的新形式。所以，通常用来检验调查量表结构效度的就主要包括会聚效度和区分效度的检验。

会聚效度是指测量同一概念的题项依附于共同变量的程度。在实际的验证性因子分析中，可以从验证性因子分析所得出的因子载荷及其显著性来检验测量的会聚效度，如果因子负荷与其标准差相比较差距越明显，就说明观测变量与其潜变量之间的关系也就越显著。只有当题项的因子负荷小于 0.4 或 0.5 时，才需要考虑从因子题项中剔除该题项。本研究采用这个标准，如果超过 0.4 的最小容忍限度水平，就支持该题项的会聚效度。从表 4 - 5 来看，两个中介变量——团队创造性效能和任务承诺的所有题项的因子载荷都达到了 0.7 以上，这说明在这些指标和所测变量之间存在统计显著性，说明了各个题项满足会聚效度的要求。

区分效度反映了不同结构变量的测量具有差异性和独特性。区分效度可以通过比较每个结构变量的平均提炼方差(average variance extracted，AVE)是否大于它与其他变量之间的相关系数的平方来进行判断。另外，在验证性因子分析中，两个因子之间的区分效度检验，可通过求限制模型与未限制模型间的 χ^2 值之差来判断，若两者的 χ^2 值差距越大，就表示这两个因子的区分效度越大。因此，只要这两个模型的 χ^2 值差距达到显著水平($p<0.05$)，就表示这两个因子具有较高的区分效度。我们采用前一种方法判断量表的区分效度，将 AVE 与相关系数矩阵(如表 4 - 6 所示)中的相关系数进行对比，发现团队创造性效能和任务承诺的 AVE 的平方根均大于最低临界值 0.5，并且两个潜变量的 AVE 的平方根均高于它们与其他变量的相关系数，说明两个变量之间具有较好的区分效度。

二、描述性统计与多重共线性

相关分析的目的是检查变量之间是否存在明显的相互影响，反映了变量之间的相互作用的可能性，并非因果关系。通过相关系数矩阵，可以初步判断模型中研究假设是否合理，也可以根据相关系数的大小来预判是否需要进行多重共线性检验。本书使用 SPSS 19.0 对本研究中的所有变量做 Person 相关分析，如表 4 - 6 所示。

表 4-6　变量统计描述和相关分析

	变量	均值	方差	1	2	3	4	5	6	7	8	9	10	11	12
1	团队性别构成 1	0.28	0.45	—											
2	团队性别构成 2	0.15	0.36	−0.27**	—										
3	团队性别构成 3	0.34	0.48	−0.45**	−0.31**	—									
4	初始新颖性	4.44	0.80	0.01	−0.22*	0.13	—								
5	初始有效性	4.43	0.91	−0.09	−0.06	0.14	0.38**	—							
6	控制型负反馈	0.31	0.46	0.08	−0.04	−0.10	−0.11	−0.05	—						
7	信息型负反馈	0.37	0.49	−0.10	0.14	0.21*	0.11	0.06	−0.51**	—					
8	合作目标相依性	0.48	0.50	0.13	−0.02	0.13	0.13	0.16	−0.02	0.07	—				
9	团队创造性效能	4.35	1.04	0.19	−0.14	0.05	0.24*	0.38**	−0.25*	0.13	0.39**	**0.69**			
10	任务承诺	4.55	0.92	0.05	0.01	0.25*	0.17	0.04	−0.19	0.43**	0.31**	0.20	**0.71**		
11	最终新颖性	4.48	1.00	−0.003	0.01	0.25*	0.30**	0.09	−0.39**	0.44**	0.54**	0.49**	0.53**	—	
12	最终有效性	4.71	0.94	0.08	−0.13	0.16	0.20*	0.29**	−0.15	0.43**	0.38**	0.34**	0.38**	0.34**	—

注：①$N=97$。

②* 表示 $p<0.05$，** 表示 $p<0.01$。

③相关系数矩阵下三角中，两个中介变量的 AVE 的平方根在对角线上，加粗显示。

从表 4-6 中可以看出，团队创造性效能和任务承诺与其他所有变量之间的相关系数要小于对角线上 AVE 的平方根，从而证明了这两个变量之间具有良好的区别效度。

多重共线性是解释变量之间存在严重的线性相关，从而影响到回归方程的效果。最常用的多重共线性诊断方法是利用方差膨胀因子（Variance Inflation Factor, VIF）进行检验。自变量 x_i 的方差膨胀因子记为 $(VIF)_i$，其计算方法为 $(VIF)_i=(1-R_i^2)^{-1}$。其中，R_i^2 是以 x_i 为因变量时对其他自变量回归的复测算系数。所有 x_i 中最大的 $(VIF)_i$ 通常被用来作为测量多重共线性的指标。一般认为，如果最大的 VIF 超过 10，则表示多重共线性将严重影响到最小二乘法的估计值。

通过对主要变量之间的回归模型的 VIF 计算可知，模型中各个自变量的 VIF 均小于 3，可以认为，本书中自变量之间不存在较强的多重共线性问题。

第四节 假设检验结果

本书选择方差分析、多元线性回归方程模型作为主要的实证研究方法。方差分析的主要目标在于：通过分析研究中各个自变量的变异对总变异的贡献大小，确定自变量对研究结果影响力的大小，我们具体采用了协方差分析来研究涉及主效应的假设。回归模型的主要目标在于：验证一系列因素作为自变量、中介变量、调节变量等对于一个因变量的影响是否存在（用回归系数的显著性表达）以及这种影响的性质，我们具体采用了层级回归分析（hierarchical regression analyses）来研究涉及中介效应、受中介的调节效应的假设。

一、不同类型负反馈对团队创造力的直接效应检验

首先，我们针对关于不同类型负反馈影响团队创造力的直接效应的假设，也就是对假设 1 和假设 2 进行检验。在将初始团队创造力作为协变量的基础上，我们将接收到控制型负反馈的最终团队创造力水平和控制组（没有接收到任何类型负反馈）的最终团队创造力水平进行对比，分析结果如表 4-7 和表 4-8 所示。表 4-7 和表 4-8中的单因素协方差分析结果表明，初始想法的新颖性对最终想法的新颖性有显著影响，$F(1,59)=5.157(p<0.05)$，初始想法的有效性对最终想法的有效性有显著影响，$F(1,59)=15.650(p<0.001)$；控制型负反馈对最终想法的新颖性有显著影响，$F(1,59)=4.420(p<0.05)$，接收到控制型负反馈的团队创造力的新颖性（$M=3.90$）显著差于控制组的团队创造力的新颖性（$M=4.39$），但接收到控制型负反馈的团队创造力的有效性（$M=4.50$）和控制组的团队创造力的有效性（$M=4.31$）没有显著差别，$F(1,59)=0.857(p>0.1)$，假设 1 仅仅得到部分验证。

表 4-7　控制型负反馈对团队创造力的新颖性维度的影响[a]

	平方和	df	均方	F	显著性
校正模型	7.827[b]	2	3.914	4.794	0.012
截距	19.214	1	19.214	23.538	0.000
初始新颖性	4.210	1	4.210	5.157	0.027
控制型负反馈	3.608	1	3.608	4.420	0.040
误差	47.345	58	0.816		
总计	1104.500	61			
校正的总计	55.172	60			

注：a. 方差齐性检验相伴概率为 0.184，满足方差检验的前提条件；
预测变量：常量，控制型负反馈（控制型负反馈=1，控制组=0）；
协变量：初始新颖性，即团队针对任务一提出的想法的新颖性；
因变量：新颖性维度，即团队针对任务二提出的想法的新颖性。
b. $R^2=0.142$（调整 $R^2=0.112$）。

表 4-8　控制型负反馈对团队创造力的有效性维度的影响[a]

	平方和	df	均方	F	显著性
校正模型	11.161[b]	2	5.581	8.247	0.001
截距	12.200	1	12.200	18.028	0.000
初始有效性	10.590	1	10.590	15.650	0.000
控制型负反馈	0.580	1	0.580	0.857	0.358
误差	39.249	58	0.677		
总计	1232.250	61			
校正的总计	50.410	60			

注：a. 方差齐性检验相伴概率为 0.112，大于显著性水平 0.05，满足方差检验的前提条件；
预测变量：常量，控制型负反馈（控制型负反馈=1，控制组=0）；
协变量：初始有效性，即团队针对任务一提出的想法的有效性；
因变量：有效性维度，即团队针对任务二提出的想法的有效性。
b. $R^2=0.221$（调整 $R^2=0.195$）。

类似的，在将初始团队创造力作为协变量的基础上，我们将接收到信息型负反馈的最终团队创造力水平和控制组（没有接收到任何类型负反馈）的最终团队创造力水平进行对比，分析结果如表 4-9 和表 4-10 所示。表 4-9 和表 4-10 中的协方差分析结果表明，初始想法的新颖性对最终想法的新颖性有显著影响，$F(1,65)=10.362$（$p<0.01$），初始想法的有效性对最终想法的有效性有显著影响，$F(1,65)=$

9.556($p<0.01$);信息型负反馈对最终想法的新颖性有显著影响,$F(1,65)=4.981$($p<0.05$),接收到信息型负反馈的团队创造力的新颖性($M=5.06$)显著强于控制组的团队创造力的新颖性($M=4.39$),同时,信息型负反馈对最终想法的有效性有显著影响,$F(1,65)=20.892$($p<0.001$),接收到信息型负反馈的团队创造力的有效性($M=5.24$)显著强于控制组的团队创造力的有效性($M=4.31$),假设2得到验证。

表4-9 信息型负反馈对团队创造力的新颖性维度的影响[a]

	平方和	df	均方	F	显著性
校正模型	14.305[b]	2	7.152	10.800	0.000
截距	15.245	1	15.245	23.021	0.000
初始新颖性	6.862	1	6.862	10.362	0.002
信息型负反馈	6.328	1	6.328	9.556	0.003
误差	42.382	64	0.662		
总计	1566.000	67			
校正的总计	56.687	66			

注:a. 方差齐性检验相伴概率为0.357,满足方差检验的前提条件;
预测变量:常量,信息型负反馈(信息型负反馈=1,控制组=0);
协变量:初始新颖性;
因变量:新颖性维度。
b. $R^2=0.252$(调整$R^2=0.229$)。

表4-10 信息型负反馈对团队创造力的有效性维度的影响[a]

	平方和	df	均方	F	显著性
校正模型	14.833[b]	2	7.416	11.130	0.000
截距	34.855	1	34.855	52.309	0.000
初始有效性	0.437	1	0.437	0.655	0.421
信息型负反馈	13.921	1	13.921	20.892	0.000
误差	42.645	64	0.666		
总计	1605.000	67			
校正的总计	57.478	66			

注:a. 方差齐性检验相伴概率为0.403,满足方差检验的前提条件;
预测变量:常量,信息型负反馈(信息型负反馈=1,控制组=0);
协变量:初始有效性;
因变量:有效性维度。
b. $R^2=0.258$(调整$R^2=0.235$)。

二、不同类型负反馈与团队意愿的关系检验

我们采用与上述类似的方法针对关于不同类型负反馈对不同团队意愿（团队创造性效能和任务承诺）的影响的假设，也就是对假设 3 和假设 4 进行检验。我们将接收到控制型负反馈的团队创造性效能、任务承诺和控制组的团队创造性效能、任务承诺进行对比，分析结果如表 4－11 和表 4－12 所示。表 4－11 和表 4－12 中的协方差分析结果表明，控制型负反馈对团队创造性效能有显著影响，$F(1,59)=4.231$（$p<0.05$），接收到控制型负反馈的团队创造性效能（$M=3.96$）显著低于控制组的团队创造性效能（$M=4.53$），但接收到控制型负反馈的团队的任务承诺（$M=4.29$）和控制组的团队的任务承诺（$M=4.20$）没有显著差别，$F(1,59)=0.134$（$p>0.1$），假设 3 得到验证。

表 4－11　控制型负反馈对团队创造性效能的影响[a]

	平方和	df	均方	F	显著性
校正模型	5.052[b]	1	5.052	4.231	0.044
截距	1097.799	1	1097.799	919.431	0.000
控制型负反馈	5.052	1	5.052	4.231	0.044
误差	70.446	59	1.194		
总计	1176.036	61			
校正的总计	75.498	60			

注：a. 方差齐性检验相伴概率为 0.833，满足方差检验的前提条件；
预测变量：常量，控制型负反馈（控制型负反馈＝1，控制组＝0）；
因变量：团队创造性效能。
b. $R^2=0.067$（调整 $R^2=0.051$）。

表 4－12　控制型负反馈对任务承诺的影响[a]

	平方和	df	均方	F	显著性
校正模型	0.111[b]	1	0.111	0.134	0.716
截距	1098.567	1	1098.567	1322.509	0.000
控制型负反馈	0.111	1	0.111	0.134	0.716
误差	49.009	59	0.831		
总计	1147.621	61			
校正的总计	49.121	60			

注：a. 方差齐性检验相伴概率为 0.744，满足方差检验的前提条件；
预测变量：常量，控制型负反馈（控制型负反馈＝1，控制组＝0）；
因变量：任务承诺。
b. $R^2=0.020$（调整 $R^2=0.015$）。

类似的，我们将接收到信息型负反馈的任务承诺、团队创造性效能和控制组的任务承诺、团队创造性效能进行对比，分析结果如表 4－13 和表 4－14 所示。表 4－13和表 4－14 中的协方差分析结果表明，信息型负反馈对任务承诺有显著影响，$F(1,65)=19.347$（$p<0.001$），接收到信息型负反馈的团队的任务承诺（$M=5.06$）显著强于控制组的团队的任务承诺（$M=4.20$），但接收到信息型负反馈的团队创造性效能（$M=4.49$）和控制组的团队创造性效能（$M=4.53$）没有显著差别，$F(1,65)=0.029$（$p>0.1$），假设 4 得到验证。

表 4－13 信息型负反馈对任务承诺的影响[a]

	平方和	d*f*	均方	*F*	显著性
校正模型	12.218[b]	1	12.218	19.347	0.000
截距	1428.171	1	1428.171	2261.527	0.000
信息型负反馈	12.218	1	12.218	19.347	0.000
误差	41.048	65	0.632		
总计	1509.329	67			
校正的总计	53.266	66			

注：a. 方差齐性检验相伴概率为 0.240，满足方差检验的前提条件；

预测变量：常量，信息型负反馈（信息型负反馈＝1，控制组 ＝0）；

因变量：任务承诺。

b. $R^2=0.229$（调整 $R^2=0.218$）。

表 4－14 信息型负反馈对团队创造性效能的影响[a]

	平方和	d*f*	均方	*F*	显著性
校正模型	0.027[b]	1	0.027	0.029	0.865
截距	1355.558	1	1355.558	1476.589	0.000
信息型负反馈	0.027	1	0.027	0.029	0.865
误差	59.672	65	0.918		
总计	1421.945	67			
校正的总计	59.699	66			

注：a. 方差齐性检验相伴概率为 0.243，满足方差检验的前提条件；

预测变量：常量，信息型负反馈（信息型负反馈＝1，控制组＝0）；

因变量：团队创造性效能。

b. $R^2=0.000$（调整 $R^2=-0.015$）。

三、团队意愿在不同类型负反馈与团队创造力之间的中介作用检验

为了检验两种团队意愿（团队创造性效能和任务承诺）的中介效应，本书采用多元线性回归方程模型，遵循 Baron 和 Kenny 所提出的中介效应检验步骤进行[171]。按照他们提出的判断依据，通常需要满足以下条件：①自变量 X 对于因变量 Y 的作用显著；②自变量 X 对于中介变量 M 具有显著的影响；③中介变量 M 对因变量 Y 的作用显著；④将自变量 X 和中介变量 M 同时放入模型中，自变量 X 对于因变量 Y 的作用相对于第一步变弱或者变为不显著。其中，自变量对因变量的作用，以及自变量对中介变量的作用已经在上文中得到检验，我们利用回归方法对这些关系再次进行验证，并进一步检验团队意愿作为中介变量对团队创造力两个维度的影响，以及将自变量和中介变量一起放入模型中，所得到的效应变化情况。检验结果如表 4 - 15 所示。

为了在回归方程中检验两种类型负反馈对团队创造力的影响，本研究运行了模型 1 和模型 5。将控制变量、控制型负反馈、信息型负反馈放入模型 1，对新颖性维度进行回归，模型 1 结果显示，控制型负反馈系数显著为负（$\beta=-0.23$，$p<0.05$），信息型负反馈系数显著为正（$\beta=0.24$，$p<0.05$），这说明两种类型负反馈对团队创造力的新颖性维度均产生显著影响；将控制变量、控制型负反馈、信息型负反馈放入模型 5，对有效性维度进行回归，模型 5 结果显示，控制型负反馈系数不显著（$\beta=0.10$，$p>0.1$），信息型负反馈系数显著为正（$\beta=0.48$，$p<0.001$），这说明控制型负反馈对有效性维度未产生显著影响，而信息型负反馈对有效性维度存在显著正向影响。

为了考察两种不同的团队意愿（团队创造性效能和任务承诺）与团队创造力的新颖性维度之间的关系，我们在表 4 - 15 的模型 2 中将控制变量和两种团队意愿纳入回归模型，由模型 2 中的回归结果可以看出，团队创造性效能与团队创造力的新颖性维度之间存在显著的正向关系（$\beta=0.36$，$p<0.001$），因此本书的假设 5a 得到了验证。任务承诺与团队创造力的新颖性维度之间存在显著的正向关系（$\beta=0.37$，$p<0.001$），因此本书的假设 7a 得到了验证。

为了考察团队创造性效能、任务承诺与团队创造力的有效性维度之间的关系，我们在表 4 - 15 的模型 6 中将控制变量和两种团队意愿纳入回归模型，根据回归结果，团队创造性效能与团队创造力的有效性维度之间的正向关系显著（$\beta=0.23$，$p<0.05$），因此本书的假设 5b 得到了验证。任务承诺与团队创造力的有效性维度之间存在显著的正向关系（$\beta=0.31$，$p<0.01$），因此本书的假设 7b 得到了验证。

1. 团队创造性效能在控制型负反馈和团队创造力之间的中介效应

关于团队创造性效能在控制型负反馈和团队创造力的新颖性维度之间的中介效应，首先，如表 4-15 中模型 1 所示，自变量控制型负反馈与因变量新颖性维度显著相关；其次，如表 4-15 所示，控制型负反馈与中介变量团队创造性效能显著相关（$\beta=-0.27$，$p<0.001$）；再次，如模型 2 所示，中介变量团队创造性效能与因变量新颖性维度显著相关；最后，如模型 3 所示，在加入了团队创造性效能后，控制型负反馈对新颖性维度的回归系数值有所下降（由 −0.23 降为 −0.13），但变得不显著，同时，团队创造性效能对新颖性维度的回归系数值是显著的（$\beta=0.36$，$p<0.001$），表明团队创造性效能在控制型负反馈和团队创造力的新颖性维度之间起到中介作用，假设 6a 得到支持。

关于团队创造性效能在控制型负反馈和团队创造力的有效性维度之间的中介效应，由于表 4-15 中模型 5 的结果表明，自变量控制型负反馈与因变量有效性维度之间的关系不显著，因此假设 6b 没有得到支持。

2. 任务承诺在信息型负反馈和团队创造力之间的中介效应

关于任务承诺在信息型负反馈和团队创造力的新颖性维度之间的中介效应，首先，如表 4-15 中模型 1 所示，自变量信息型负反馈与因变量新颖性维度显著相关；其次，如表 4-15 中所示，信息型负反馈与中介变量任务承诺显著相关（$\beta=0.38$，$p<0.001$）；再次，如模型 2 所示，中介变量任务承诺与因变量新颖性维度显著相关；最后，如模型 4 所示，在加入了任务承诺后，信息型负反馈对新颖性维度的回归系数值有所下降（由 0.24 降为 0.10），同时，任务承诺对新颖性维度的回归系数值是显著的（$\beta=0.37$，$p<0.001$），表明任务承诺在信息型负反馈和团队创造力的新颖性维度之间起到中介作用，假设 8a 得到支持。

关于任务承诺在信息型负反馈和团队创造力的有效性维度之间的中介效应，首先，如表 4-15 中模型 5 所示，自变量信息型负反馈与因变量有效性维度显著相关；其次，信息型负反馈与中介变量任务承诺显著相关；再次，如模型 6 所示，中介变量任务承诺与因变量有效性维度显著相关；最后，如模型 7 所示，在加入了任务承诺后，信息型负反馈对有效性维度的回归系数值虽有所下降（由 0.48 降为 0.40），但仍然显著，任务承诺对有效性维度的回归系数值是显著的（$\beta=0.21$，$p<0.05$），这表明任务承诺在信息型负反馈和团队创造力的有效性维度之间起到中介作用，假设 8b 得到支持。

表 4-15　团队意愿在不同类型负反馈与团队创造力之间的中介作用的回归分析结果

	团队创造性效能	任务承诺	新颖性维度				有效性维度		
			模型 1	模型 2	模型 3	模型 4	模型 5	模型 6	模型 7
控制变量									
性别构成 1	0.26	0.26**	0.17	−0.01	0.07	0.07	0.13	0.07	0.08
性别构成 2	−0.04	0.13	0.15	0.14	0.14	0.09	−0.12	−0.06	−0.15
性别构成 3	0.13	0.33***	0.24*	0.15	0.22*	0.15	0.06	0.06	−0.02
初始新颖性			0.25**	0.16+	0.17	0.20*			
初始有效性							0.26**	0.21*	0.26**
主效应									
控制型负反馈	−0.27***	0.02	−0.23*		−0.13	−0.24*	0.10		0.10
信息型负反馈	−0.01	0.38***	0.24*		0.24*	0.10	0.48***		0.40***
中介效应									
团队创造性效能				0.36***	0.36***			0.23*	
任务承诺				0.37***		0.37***		0.31**	0.21*
F 值	2.67*	6.27***	7.39***	12.98***	10.35***	9.60***	6.48***	5.02***	6.41***
R^2	0.13	0.32	0.26	0.47	0.45	0.43	0.30	0.25	0.34
Adjusted R^2	0.08	0.21	0.22	0.43	0.41	0.39	0.26	0.20	0.28
$\triangle R^2$					0.12***	0.10***			0.04*

注：①$N=97$。

②+表示 $p<0.10$，*表示 $p<0.05$，**表示 $p<0.01$，***表示 $p<0.001$。

③回归系数为标准回归系数。

3. 中介效应显著性的 Bootstrap 检验

为了进一步说明两种团队意愿在不同类型负反馈与团队创造力之间关系的中介作用,需要对中介效应的显著性进行检验。由于小样本通常难以满足 Sobel 检验对参数分布的正态性假设,而偏差校正 Bootstrap 法(bias-corrected bootstrap,BC)则能适用于中、小样本,提供的置信区间估计也更准确[176]。我们根据 Preacher 和 Hayes 所提出的步骤[176],使用 SPSS 19.0 软件对中介效应进行偏差校正 Bootstrap 检验,得到 95%的中介效应置信区间,如表 4-16 所示。在表 4-16 中,除了团队创造性效能在控制型负反馈和有效性维度之间的中介效应的置信区间包括 0 之外,其他中介效应各置信区间都不包括 0,说明上文中得到验证的中介效应均存在,同时,分析结果表明,团队创造性效能中介了 26.03%的控制型负反馈对新颖性维度的影响,任务承诺中介了 35.62%的信息型负反馈对新颖性维度的影响,任务承诺中介了 17.86%的信息型负反馈对有效性维度的影响,这进一步支持了假设 6a、假设 8a 和假设 8b。

表 4-16 不同类型负反馈与团队创造力之间中介效应的显著性检验结果

检验对象	因变量	置信区间		中介效应	总效应	相对中介效应(中介效应/总效应)
		下限	上限			
团队创造性效能对控制型负反馈—团队创造力的中介效应	新颖性维度	−0.47	−0.03	−0.19	−0.73	26.03%
	有效性维度	−0.36	0.02	−0.10	−0.27	37.04%
任务承诺对信息型负反馈—团队创造力的中介效应	新颖性维度	0.10	0.48	0.26	0.73	35.62%
	有效性维度	0.03	0.34	0.15	0.84	17.86%

注:① $N=97$;

②Bootstrap 重抽样次数=1000。

四、合作目标相依性受中介的调节作用检验

1. 合作目标相依性与负反馈的交互作用的协方差检验

在进行调节作用分析之前,我们采用协方差分析来考察合作目标相依性和不同类型负反馈的交互是否对团队创造力产生影响。在将初始团队创造力作为协变量的基础上,我们考察控制型负反馈、控制型负反馈与合作目标相依性的交互作用对最终

团队创造力的影响,分析结果如表 4-17 和表 4-18 所示。表 4-17 和表 4-18 中的协方差分析结果表明,合作目标相依性与控制型负反馈的交互对最终想法的新颖性有显著影响,$F(1,59)=17.523(p<0.001)$;但合作目标相依性和控制型负反馈的交互对团队创造力的有效性没有显著影响,$F(1,59)=1.709(p>0.1)$。

表 4-17 合作目标相依性和控制型负反馈的交互对新颖性维度的影响[a]

	平方和	df	均方	F	显著性
校正模型	27.405[b]	4	6.851	13.817	0.000
截距	18.311	1	18.311	36.930	0.000
初始新颖性	4.497	1	4.497	9.069	0.004
控制型负反馈	2.889	1	2.889	5.827	0.019
合作目标相依性	10.947	1	10.947	22.077	0.000
控制型负反馈 * 合作目标相依性	8.689	1	8.689	17.523	0.000
误差	27.767	56	0.496		
总计	1104.500	61			
校正的总计	55.172	60			

注:a. 方差齐性检验相伴概率为 0.116,满足方差检验的前提条件;

预测变量:常量,控制型负反馈(控制型负反馈=1,控制组=0),合作目标相依性(高合作目标相依性=1,低合作目标相依性=0),控制型负反馈与合作目标相依性的交互项;

协变量:初始新颖性;

因变量:新颖性维度,即团队针对任务二提出的想法的新颖性。

b. $R^2=0.497$(调整 $R^2=0.461$)。

表 4-18 合作目标相依性和控制型负反馈的交互对有效性维度的影响[a]

	平方和	df	均方	F	显著性
校正模型	14.345[b]	4	3.586	5.568	0.001
截距	12.641	1	12.641	19.629	0.000
初始有效性	10.235	1	10.235	15.892	0.000
控制型负反馈	0.677	1	0.677	1.051	0.310
合作目标相依性	2.123	1	2.123	3.296	0.075
控制型负反馈 * 合作目标相依性	1.100	1	1.100	1.709	0.197
误差	36.065	56	0.644		

续表

	平方和	df	均方	F	显著性
总计	1232.250	61			
校正的总计	50.410	60			

注：a. 方差齐性检验相伴概率为 0.101，大于显著性水平 0.05，满足方差检验的前提条件；
预测变量：常量，控制型负反馈（控制型负反馈=1，控制组=0），合作目标相依性（高合作目标相依性=1，低合作目标相依性=0），控制型负反馈与合作目标相依性的交互项；
协变量：初始有效性；
因变量：有效性维度。
b. $R^2=0.285$（调整 $R^2=0.233$）。

类似的，我们采用协方差分析来考察合作目标相依性和信息型负反馈的交互是否对团队创造力产生影响，分析结果如表 4-19 和表 4-20 所示。表 4-19 和表 4-20 中的协方差分析结果表明，合作目标相依性与信息型负反馈的交互对最终想法的新颖性有显著影响，$F(1,65)=18.136$（$p<0.001$）；合作目标相依性与信息型负反馈的交互对最终想法的有效性也有显著影响，$F(1,65)=7.243$（$p<0.01$）。

表 4-19 合作目标相依性和信息型负反馈的交互对新颖性维度的影响[a]

	平方和	df	均方	F	显著性
校正模型	31.647[b]	4	7.912	19.590	0.000
截距	14.656	1	14.656	36.289	0.000
初始新颖性	6.618	1	6.618	16.388	0.000
信息型负反馈	5.495	1	5.495	13.605	0.000
合作目标相依性	8.428	1	8.428	20.870	0.000
信息型负反馈 * 合作目标相依性	7.325	1	7.325	18.136	0.000
误差	25.040	62	0.404		
总计	1566.000	67			
校正的总计	56.687	66			

注：a. 方差齐性检验相伴概率为 0.089，满足方差检验的前提条件；
预测变量：常量，信息型负反馈（信息型负反馈=1，控制组=0），合作目标相依性（高合作目标相依性=1，低合作目标相依性=0），信息型负反馈与合作目标相依性的交互项；
协变量：初始新颖性；
因变量：新颖性维度。
b. $R^2=0.558$（调整 $R^2=0.530$）。

表 4-20　合作目标相依性和信息型负反馈的交互对有效性维度的影响[a]

	平方和	df	均方	F	显著性
校正模型	29.767[b]	4	7.442	16.651	0.000
截距	25.873	1	25.873	57.888	0.000
初始有效性	5.093	1	5.093	11.395	0.001
信息型负反馈	12.334	1	12.334	27.597	0.000
合作目标相依性	5.225	1	5.225	11.691	0.001
信息型负反馈 * 合作目标相依性	3.237	1	3.237	7.243	0.009
误差	27.710	62	0.447		
总计	1605.000	67			
校正的总计	57.478	66			

注：a. 方差齐性检验相伴概率为 0.569，满足方差检验的前提条件；
预测变量：常量，信息型负反馈（信息型负反馈＝1，控制组＝0），合作目标相依性（高合作目标相依性＝1，低合作目标相依性＝0），信息型负反馈与合作目标相依性的交互项；
协变量：初始有效性；
因变量：有效性维度。
b. $R^2=0.518$（调整 $R^2=0.487$）。

2. 合作目标相依性受中介的调节作用的回归模型检验

为了检验合作目标相依性受中介的调节作用，本书采用多元线性回归方程模型，遵循 Muller 等人所提出的检验步骤进行[177]。按照他们提出的判断依据，通常需要满足以下条件：①调节作用显著，即自变量 X、自变量 X 和调节变量 Z 的乘积项对因变量 Y 的影响均显著；②自变量 X 和调节变量 Z 的乘积项对中介变量 M 具有显著的影响；③中介变量 M 对因变量 Y 的作用显著；④将自变量 X 和调节变量 Z 的交互项以及中介变量 M 同时放入模型中，乘积项对于因变量 Y 的作用相对于第一步变弱或者变为不显著。

由于控制型负反馈仅对团队创造力的新颖性维度产生显著影响，因此我们利用回归的方法首先对合作目标相依性对控制型负反馈和新颖性维度之间关系的调节作用，以及团队创造性效能对这种调节作用可能存在的中介效应进行验证。本书采用有中介的调节作用的分析方法。第一步，我们将新颖性维度作为因变量，在控制了团队性别构成、初始新颖性的基础上，将控制型负反馈和合作目标相依性作为自变量，同时将控制型负反馈与合作目标相依性的乘积项放入回归方程进行分析；第二步，我们将团队创造性效能作为因变量，在控制了团队性别构成影响的基础上，将控制型负反馈和合作目标相依性作为自变量，同时将控制型负反馈与合作目标相依性的乘积项放入回归方程进行分析；第三步，我们将新颖性维度作为因变量，在控制了团队性别构成和初始新颖性影响的基础上，将控制型负反馈、合作目标相依性、团队创造性效能作为自变量，同时将控制型负反馈与合作目标相依性的乘积项放入回归方程进行分析。回归分析结果如表 4-21 所示。

表 4-21 合作目标相依性在控制型负反馈与新颖性维度之间受中介的调节作用的回归分析结果

	团队创造性效能	新颖性维度			
		模型 1	模型 2	模型 3	模型 4
控制变量					
性别构成 1	0.15	0.04	0.05	0.10	0.02
性别构成 2	−0.12	0.11	0.11	0.24*	0.12+
性别构成 3	−0.01	0.18+	0.17+	0.32**	0.18*
初始新颖性		0.20*	0.19*	0.20*	0.17
主效应					
控制型负反馈	−0.25***	−0.34***	−0.34***		−0.30***
合作目标相依性	0.37**	0.50***	0.50***		0.44***
交互效应					
控制型负反馈 * 合作目标相依性	0.29***		0.15*		0.10
中介效应					
团队创造性效能				0.44***	0.18*
F 值	7.51***	16.232***	15.09***	9.01***	14.10***
R^2	0.33	0.52	0.54	0.35	0.56
Adjusted R^2	0.29	0.49	0.51	0.32	0.52
$\triangle R^2$			0.02*		0.03*

注：①$N=97$。

②+ 表示 $p<0.10$，* 表示 $p<0.05$，** 表示 $p<0.01$，*** 表示 $p<0.001$。

③回归系数为标准回归系数。

④为了避免多重共线性问题，涉及乘积项的变量均经过中心化处理。

表 4-21 的模型 1 是控制变量、自变量、调节变量合作目标相依性对新颖性维度进行回归的结果。首先，如模型 1 所示，控制型负反馈对因变量新颖性维度的主效应是显著的（$\beta=-0.34$，$p<0.001$）；其次，在模型 1 的基础上，加入控制型负反馈与合作目标相依性的乘积项，模型 2 的回归结果显示控制型负反馈与合作目标

相依性的乘积项对新颖性维度的回归系数显著（$\beta=0.15$，$p<0.05$），且 R^2 产生比较显著的变化（$\triangle R^2=0.02$，$p<0.05$），证明合作目标相依性在控制型负反馈与团队创造力新颖性维度之间的调节效应是存在的，假设 9a 得到了验证。

表 4 - 21 中模型 4 显示控制型负反馈对团队创造力有效性维度的回归系数不显著，因此合作目标相依性在控制型负反馈与团队创造力有效性维度之间的调节效应不存在，假设 9b 与假设 10b 未得到验证。

表 4 - 21 中模型 2 显示控制型负反馈与合作目标相依性的乘积项对新颖性维度的回归系数显著（$\beta=0.15$，$p<0.05$）；表 4 - 21 中有关控制型负反馈与合作目标互异性的乘积项对创造性自我效能的回归系数显著（$\beta=0.29$，$p<0.001$）；模型 3 团队创造性效能对新颖性维度的回归系数显著（$\beta=0.44$，$p<0.001$）；模型 4 中加入团队创造性效能后，控制型负反馈和合作目标相依性的乘积项对新颖性维度的回归系数变得不显著（$\beta=0.10$，$p>0.1$）。与此同时，团队创造性效能的回归系数是显著的（$\beta=0.18$，$p<0.05$）。因此，合作目标相依性对控制型负反馈与新颖性维度关系的调节作用通过团队创造性效能的中介假设，也就是假设 10a 得到了验证。

类似的，我们利用回归的方法对合作目标相依性对信息型负反馈和团队创造力两个维度之间关系的调节作用，以及任务承诺对这种调节作用可能存在的中介效应进行验证。本书采用有中介的调节作用的分析方法。第一步，我们分别将团队创造力的新颖性维度和有效性维度作为因变量，在控制了团队性别构成和初始团队创造力的基础上，将信息型负反馈和合作目标相依性作为自变量，同时将信息型负反馈与合作目标相依性的乘积项放入回归方程进行分析；第二步，我们将任务承诺作为因变量，在控制了团队性别构成影响的基础上，将信息型负反馈和合作目标相依性作为自变量，同时将信息型负反馈与合作目标相依性的乘积项放入回归方程进行分析；第三步，我们分别将新颖性维度和有效性维度作为因变量，在控制了团队性别构成、初始团队创造力影响的基础上，将信息型负反馈、合作目标相依性、团队创造性效能作为自变量，同时将信息型负反馈与合作目标相依性的乘积项放入回归方程进行分析。回归分析结果如表 4 - 22 所示。

表 4-22 合作目标相依性在信息型负反馈与团队创造力之间受中介的调节作用的回归分析结果

	任务承诺	新颖性维度				有效性维度			
		模型 1	模型 2	模型 3	模型 4	模型 5	模型 6	模型 7	模型 8
控制变量									
性别构成 1	0.21*	−0.01	−0.01	0.06	−0.05	0.04	0.05	0.09	0.03
性别构成 2	0.10	0.03	0.04	0.12	0.01	−0.17+	−0.17	−0.05	−0.18+
性别构成 3	0.27*	0.08	0.09	0.18	0.03	−0.04	−0.03	0.09	−0.06
初始新颖性		0.19	0.20**	0.23**	0.18**				
初始有效性						0.21*	0.22**	0.12	0.22**
主效应									
信息型负反馈	0.36***	0.37***	0.36***		0.28***	0.43***	0.43***		0.39***
合作目标相依性	0.22*	0.51***	0.50***		0.45***	0.31***	0.31***		0.28**
交互效应									
信息型负反馈 * 合作目标相依性	0.18*		0.16*		0.10		0.18*		0.17*
中介效应									
任务承诺			0.37***	0.45***	0.22**			0.33**	0.10
F 值	7.44***	16.43***	15.09***	9.79***	14.85***	9.23***	8.91***	3.89**	7.91***
R^2	0.33	0.51	0.54	0.35	0.58	0.38	0.41	0.17	0.42
Adjusted R^2	0.29	0.49	0.51	0.31	0.54	0.34	0.37	0.13	0.37
$\triangle R^2$			0.03*	0.17***	0.04*		0.03*		0.01

注：①$N=97$。

②$^+$ 表示 $p<0.10$，* 表示 $p<0.05$，** 表示 $p<0.01$，*** 表示 $p<0.001$。

③回归系数为标准回归系数。

④为了避免多重共线性问题，涉及乘积项的变量均经过中心化处理。

首先,如表 4-22 中的模型 1 所示,信息型负反馈对因变量新颖性维度的主效应是显著的($\beta=0.37, p<0.001$),在模型 1 的基础上,加入信息型负反馈与合作目标相依性的乘积项,模型 2 的回归结果显示信息型负反馈与合作目标相依性的乘积项对新颖性维度的回归系数显著($\beta=0.16, p<0.05$),R^2 产生比较显著的变化($\triangle R^2=0.03, p<0.05$),证明合作目标相依性在信息型负反馈与团队创造力新颖性维度之间的调节效应是存在的,假设 11a 得到了验证。其次,如表 4-22 中的模型 5 所示,信息型负反馈对因变量有效性维度的主效应是显著的($\beta=0.43$, $p<0.001$),在模型 5 的基础上,加入信息型负反馈与合作目标相依性的乘积项,模型 6 的回归结果显示信息型负反馈与合作目标相依性的乘积项对新颖性维度的回归系数显著($\beta=0.18, p<0.05$),R^2 产生比较显著的变化($\triangle R^2=0.03$, $p<0.05$),证明合作目标相依性在信息型负反馈与团队创造力有效性维度之间的调节效应是存在的,假设 11b 得到了验证。

有关任务承诺对合作目标相依性在信息型负反馈与新颖性维度之间调节效应的中介作用,如表 4-22 中模型 2 所示,信息型负反馈与合作目标相依性的乘积项对新颖性维度的回归系数显著;表 4-22 中有关控制型负反馈与合作目标相依性的乘积项对任务承诺的回归系数显著($\beta=0.37, p<0.001$),模型 3 中任务承诺对新颖性维度的回归系数显著($\beta=0.45, p<0.001$),模型 8 中加入任务承诺后,信息型负反馈和合作目标相依性的乘积项对新颖性维度的回归系数变得不显著($\beta=0.10$, $p>0.1$)。与此同时,任务承诺的回归系数是显著的($\beta=0.22, p<0.01$)。因此,有关合作目标相依性对信息型负反馈与新颖性维度关系的调节作用通过任务承诺的中介效应的假设,即假设 12a 得到了证实。

有关任务承诺对合作目标相依性在信息型负反馈与有效性维度之间调节效应的中介作用,如表 4-22 中模型 6 所示,信息型负反馈与合作目标相依性的乘积项对有效性维度的回归系数显著;表 4-22 中有关信息型负反馈与合作目标相依性的乘积项对任务承诺的回归系数显著,模型 7 中任务承诺对有效性维度的回归系数显著($\beta=0.33, p<0.001$),模型 8 中加入任务承诺后,信息型负反馈和合作目标相依性的乘积项对新颖性维度的回归系数依然显著($\beta=0.17, p<0.05$)。与此同时,任务承诺的回归系数却不显著($\beta=0.10, p>0.1$)。因此,有关合作目标相依性对信息型负反馈与有效性维度关系的调节作用未通过任务承诺的中介效应的假设,即假设 12b 未得到验证。

第五节　本章小结

研究一在实验参与者所熟悉的大学背景下设计了两轮合作想法产生任务,模拟出 99 个团队进行实验研究，获得了 97 个团队的有效数据，本章分析了数据的基本特征并报告了概念模型中研究假设的实证验证结果。数据基本特征的分析结果表明，本书所设计的实验、所采取的变量操纵、所用的量表和构建的变量能够较好地胜任对概念模型和假设的检验。概念模型的实证验证结果表明，本书 12 条研究假设中有 7 条获得支持，有 5 条获得部分支持，具体来说，这 5 条假设中，与新颖性维度有关的那部分假设获得了支持，而与有效性维度有关的那部分假设没有得到验证。从总体上来看，在熟悉任务背景下，本研究建立的不同类型负反馈、团队的合作目标相依性、不同团队意愿与团队创造力两个维度之间关系的概念模型在团队创造力的新颖性维度方面是成立的。

实证结果得出以下结论。①不同类型负反馈对团队创造力具有差异性影响：控制型负反馈对团队创造力的新颖性维度产生负向影响；信息型负反馈对团队创造力的新颖性维度和有效性维度均产生正向影响。②不同类型负反馈对团队意愿具有差异性影响：控制型负反馈对团队创造性效能产生负向影响；信息型负反馈对任务承诺产生正向影响。③不同的团队意愿分别中介了不同类型负反馈与团队创造力的关系。团队创造性效能中介了控制型负反馈与团队创造力新颖性维度的关系；任务承诺中介了信息型负反馈与团队创造力两个维度的关系。④合作目标相依性调节了不同类型负反馈与团队创造力之间的关系：合作目标相依性减弱了控制型负反馈对团队创造力的新颖性维度的负向作用，增强了信息型负反馈对团队创造力的两个维度的正向作用。⑤团队意愿传导了合作目标相依性对不同类型负反馈与团队创造力的新颖性维度关系的调节效应：团队创造性效能中介了合作目标相依性对控制型负反馈与新颖性维度之间关系的调节效应，任务承诺中介了合作目标相依性对信息型负反馈与新颖性维度之间关系的调节效应。

为了简明起见，表 4-23 汇总了本书 12 条研究假设得到验证的详细情况。

表 4-23 研究一假设检验结果一览表

假设	内容	检验结果
假设 1	控制型负反馈对团队创造力的新颖性维度(a)和有效性维度(b)产生负向影响	假设 1a 通过 假设 1b 未通过
假设 2	信息型负反馈对团队创造力的新颖性维度(a)和有效性维度(b)产生正向影响	通过
假设 3	控制型负反馈对团队创造性效能产生负向影响	通过
假设 4	信息型负反馈对任务承诺产生正向影响	通过
假设 5	团队创造性效能对团队创造力的新颖性维度(a)和有效性维度(b)产生正向影响	通过

续表

假设	内容	检验结果
假设 6	团队创造性效能是控制型负反馈与团队创造力的新颖性维度、有效性维度之间的中介变量,即控制型负反馈可以通过团队创造性效能来影响团队创造力的新颖性维度(a)和有效性维度(b)	假设 6a 通过 假设 6b 未通过
假设 7	任务承诺对团队创造力的新颖性维度(a)和有效性维度(b)产生正向影响	通过
假设 8	任务承诺是信息型负反馈与团队创造力的新颖性维度、有效性维度之间的中介变量,即信息型负反馈可以通过任务承诺来影响团队创造力的新颖性维度(a)、有效性维度(b)	通过
假设 9	合作目标相依性减弱了控制型负反馈与团队创造力的新颖性维度(a)、有效性维度(b)的负向关系	假设 9a 通过 假设 9b 未通过
假设 10	合作目标相依性对控制型负反馈与团队创造力的新颖性维度(a)、有效性维度(b)之间关系的调节效应受到团队创造性效能的中介	假设 10a 通过 假设 10b 未通过
假设 11	合作目标相依性加强了信息型负反馈与团队创造力的新颖性维度(a)、有效性维度(b)的正向关系	通过
假设 12	合作目标相依性对信息型负反馈与团队创造力的新颖性维度(a)、有效性维度(b)之间关系的调节效应受到任务承诺的中介	假设 12a 通过 假设 12b 未通过

研究一的检验结果中,控制型负反馈对团队创造力有效性维度的负向影响不显著,这可能是由于研究一中所设计的任务背景非常贴近实验参与者的生活。研究一中测量最终团队创造力的任务与新生适应大学生活相关,实验参与者为大学二年级学生和三年级学生,他们作为"过来人"对如何帮助新生适应大学生活有非常多的切身体会、经验,在实验中,针对这项任务提出有效的解决办法并不需要太多的认知处理,因为他们靠平时的认知积累就能够提供足够的经验和常识来有效解决这个问题。因此,控制型负反馈引发的团队认知关闭没有对有效性维度起到显著的抑制作用,信息型负反馈却能够为团队提供一些外部的新信息和新思路,因此对有效性维度具有促进作用。因此,我们猜想熟悉的任务背景是造成模型中有关控制型负反馈与有效性维度关系的假设均没有通过的原因。

如果在研究中使用对于受试者来说背景较为陌生的任务,在这种情况下,参与者缺乏足够的经验、常识,需要在任务中经过充分的认知活动和集体思考才能有效解决问题。因此,我们设想在陌生任务背景下,可以更充分地观测到两种类型负反馈对团队创造力不同维度的差异性影响。本书的研究一针对熟悉任务背景下负反馈作用于团队创造力的调控机理进行验证。为了更全面地了解各种任务背景下的负反馈效应,我们设计了研究二,针对陌生任务背景下不同类型负反馈作用于团队创造力的调控机理进行验证。同时,研究一的检验结果表明,团队意愿对合作目标相依性对不同类型负反馈与有效性维度关系的调节效应的中介作用均不显著,本书试图通过研究二来考察与该中介作用相关的假设检验未通过的原因是否也与任务背景相关。

» 第五章

研究二：陌生任务背景下负反馈影响团队创造力的调控机理

为了全面考察负反馈在不同任务背景下影响团队创造力的调控机理,本书设计了研究二,采用陌生任务背景来检验第三章所提出的理论模型和研究假设。在研究二中,受试者缺乏关于陌生任务的经验、常识,团队创造主要受实验开展期间团队对信息的认知处理程度的影响。由于我们关于不同类型负反馈对团队创造力差异性影响的假设主要是基于不同提供方式下的负反馈在团队创造过程中所造成的认知关闭提前与延迟所提出,因此,我们预期在陌生任务背景下,能够更有效地观测到不同类型负反馈对团队创造力两个维度的差异性影响。

第一节 研究方法

在研究二中,所使用的两轮实验任务——任务一和任务二均被置换为陌生背景下的任务;相应地,针对这些任务所设计的操纵不同类型负反馈的反馈单上的内容也发生了变化;参加实验研究活动的被试的人口学特征及其相关信息与研究一也具有差异。除此之外,研究方法所涉及的其他内容,比如调节变量的操纵、变量的测量和统计分析方法均与研究一基本相同。故在研究方法部分,我们仅仅针对参加本次实验研究活动的被试的人口学特征及其相关信息、团队任务的具体内容、自变量的操纵、实验研究开展的具体过程和预实验的相关情况进行具体介绍,其余研究方法可以参考研究一中的介绍,在本章中由于篇幅问题不做赘述。

一、研究设计、参与人员以及自变量的操纵

1. 研究设计

本研究仍采用 3×2 的因子设计,即反馈类型分“控制型负反馈”“信息型负反馈”“控制组”三种情况,反馈差异分“高合作目标相依性”和“低合作目标相依性”两种情况;仍然采用“先预实验,再正式实验”的严谨研究方法。在正式实验中,267 名实验参加者被随机分配到六种情境的三人团队中,共组成 89 个团队,每个团队完成两轮合作想法产生任务。第一次任务完成之后,由组织者向各个情境下的团队提供不同类型的负反馈,并使各个情境下的团队感知到不同合作目标相依性。然后测量各个团队的意愿(团队创造性效能和任务承诺),第二次任务完成之后,针对第二次任务中产生的想法测量各个团队的创造力。

2. 参与人员

我们从西安邮电大学招募了 267 个大学本科生作为参与人员①,受试者为了获得课程学分而参与到实验研究中来,所有参与者均来自管理工程学院。样本中有 59%是男性,41%是女性。参与者的年龄从 19 岁到 25 岁,均值为 21.6 岁。本研究的招募对象主要为大学二、三年级学生。本研究中要求受试者不具备关于任务背景的专业知识,对任务背景感到陌生。大学二、三年级学生的专业知识和决策判断能力基本上能够满足本实验的要求。大多数参与者是三年级学生(71%),有 29%是二年级学生。26.3%的团队中没有女性,26.6%的团队中有一位女性,30.2%的团队中有两位女性,12%的团队中有三位女性②。我们在研究二中招募实验参与人员时选择了与研究一不同的专业,并在被招募人员所填写的招募表中询问他们是否参与过研究一,如果该同学参与过研究一,或者通过同学之间的交流已经知道研究一的内容,我们会将其从参与人员中剔除,以确保研究二的参与人员没有参与过研究一。在研究二中,我们同样使用了四名管理工程学院工程管理专业的四年级学生(两名男性,两名女性)作为实验协助人员参与到这次研究互动中。

3. 自变量的操纵

在本研究中,我们通过发放反馈单告知实验参与团队,他们所汇报的想法没有达到外部专家所预期的标准来提供负反馈。与研究一相同,我们参考 Ryan 就如何判断某种外部影响是属于控制型负反馈还是属于信息型负反馈所做的特征描述[39],同时结合任务二的内容设计了操纵控制型负反馈和信息型负反馈的反馈单上的内容,并通过修改、调整、预实验、再修改等活动完善了这些操纵语。

1)控制型负反馈

我们在提供控制型负反馈时,注意使反馈单上的操纵语体现出操纵性、压力性、外部意志的干预等特征。比如,我们提供给第 1 小组的控制型负反馈的内容是:“方案不够新颖和有效,要求第 1 小组在下轮任务中必须产生符合要求的方案,请注意,我们会监控你们小组在下轮任务中的表现,专家们也会严格考核你们小组所提交的方案。”

2)信息型负反馈

我们在提供信息型负反馈时,注意使反馈单上的操纵语包含有关改善任务完

---

① 研究二中的受试者与研究一中的受试者不重复。

② 为了控制团队性别构成的影响,本研究将其作为控制变量处理。

成情况的信息,并指出团队拥有采用多样化信息和方法提升方案质量的自由。举例来说,我们提供给第 11 小组的信息型负反馈的内容为:“第 11 小组方案不够新颖和有效,建议第 11 小组成员综合考虑任务目标(工厂职工的自尊需要维护,但偷窃者的行为又必须受到警示和防范)、任务背景特征(偷窃行为容易发生的时间、地点)、实施对象特征(工厂职工任务众多、小道消息容易流通,同时,他们的收入水平不会太高,容易受到奖金激励)等因素,来提升方案的新颖性和有效性,希望本次反馈所提供的建议对你们有所帮助,在第二轮任务完成过程中,你们可以自由运用任何元素、任何思路来完成方案。”

二、实验任务、实验过程与预实验

1. 实验任务

根据本次研究的主题,首先,研究二所采用的实验任务应该与实验参与者的日常生活不相关,以便于使他们感受到陌生的任务背景;其次,这种任务应该让成员感知到适度有趣,这样比较符合创造性工作场景下的任务特征,同时又有利于团队成员提出创造性的想法[8]。针对以上两项要求,我们一共设计了两轮任务,第一轮任务作为提供负反馈的基础,并且帮助团队互动和熟悉。第二轮任务用于测量团队意愿,并根据各个团队在该轮所提供的想法测量最终的团队创造力。为了使实验参与者感到任务背景比较陌生,两轮任务均以大学本科生不熟悉的企业生活为背景,模仿 Goncalo 和 Staw 进行团队创造力研究时所使用的任务进行设计[61]。第一轮以预防工厂中职工偷窃行为作为任务的目的,其任务内容如下。

某洗涤用品生产厂内部长期存在这样一种不良现象:部分职工常常利用职务之便,偷窃、夹带产品、半成品出厂。这种现象长年累月存在,给工厂造成了一定损失,而且,厂领导认为对现象的姑息和容忍会助长职工之中的坏风气。但是,由于产量巨大,工序杂乱,工人众多,这些偷窃行为一般不容易被发现。一些工人会在下班后将肥皂、洗衣粉、洗涤液等偷窃的产品夹带回家,但是,采取在工厂门口设置保安人员,在下班时间检查工人的提包、衣服口袋的措施又引起了工人们的强烈不满,被检查的工人认为厂家无视他们的人格和尊严,因此,这项措施实施不久后就遭到全体工人的抵制而被迫终止。

假设你们是这家工厂的一个临时组建的管理团队,请团队成员合作,在 10 分钟之内提出一个能够防止、制止工厂职工偷窃行为的方案。我们主要依据两个方面的标准评估小组的方案质量:①新颖性,即方案的新奇程度;②有效性,即方案的有效程度。

在这样的一个任务中，成员之间需要通过合作和交流来共同提出想法。由于任务目的非常明确，方案的评价标准比较清晰，因此，有利于作为提供负反馈的基础，而且有利于团队成员在互动中快速熟悉起来。

第二轮以新产品推广作为任务的目的，其任务内容如下。

近年来，随着人们生活水平和养生保健意识的提高，传统意义上的白酒已经不能满足人们对于健康的需求。考虑到老年人因年迈体弱，气血容易虚衰；中青年人因工作繁忙，生活压力过大，容易导致亚健康，某酒品生产企业最新研制了一种"醉桃童"牌保健酒，它既吸收了其他传统白酒的优点，同时又有自己独特的亮点，其主要特点是在酿造过程中加入了药材，可以补气、补血、强身、健体。这种"醉桃童"牌保健酒对年龄和性别没有特别严格的限制，主要在酒店、商场、超市等一般商品销售场所销售，其使用对象是健康或亚健康人群。考虑到目前消费者由感性向理性观念转变，不再满足于由广告拉动的包装高档、质量低劣的保健品，而是追求兼具品牌和实效的产品，以及个性化的服务，这为保健酒企业的新产品推广活动带来了一定的困难和挑战。

假设你们是该企业一个临时组建起来的团队，目前主要负责该保健酒的新产品推广方案设计，请团队成员合作，提出一个推广该保健酒的营销方案。我们主要依据两个方面的标准评估各个小组的方案质量：①新颖性，即方案的新奇程度；②有效性，即方案的有效程度。

由于研究二的受试者是非营销专业的大学本科生，一般都没有接触过市场营销方案的设计任务，任务背景对他们来说非常陌生；同时，为了取得更加理想的结论，团队成员必须进行充分的集体认知活动，整个团队创造性效能和对任务的承诺在创造性想法提出中发挥重要作用，方案的评价标准清晰。因此，本次研究活动认为这样的一个任务有利于测试陌生任务背景下团队意愿调控并可对团队创造力做出评价。

在每一轮任务被宣读之后，团队成员都需要通过问卷填写来评价任务的有趣程度和陌生程度，评价结果显示，大多数成员（任务一：89%；任务二：76%）认为第一轮和第二轮任务属于中度有趣，同时，大多数成员（任务一：76%；任务二：88%）感到任务一和任务二的背景非常陌生，与我们预期的结果相符。

2. 实验开展的过程与预实验

为了使研究二的假设检验结果与研究一能够对照，我们在研究二中开展实验的过程与研究一完全一致。唯一的区别是，在研究二中每轮实验结束之后，实验组织者就各个团队所产生的方案的真实创造性进行点评，并根据各个小组在实验中所体现出来的实际创造力向他们提供奖励。由于这些点评和奖励在所有的问卷和方案都得到回收之后,也就是实验结束之后才进行,因此它们并没有影响到实验本身的效果。

在研究二开始前,我们也组织了由 40 名学生参加的预实验,用来验证修改后的自变量操纵是否有效,并帮助实验组织者和实验协助人员熟悉实验开展的过程,调整实验中采用的描述和发言,检查整个研究活动的过程和核对整个研究活动需要的时间。实验结束后,我们举办了一个有关实验程序的小型讨论会,针对预实验中发现的研究设计问题进行讨论,并根据讨论的结果,对自变量的操纵、任务内容进行修改和调整,完善了本次研究中采用的任务单、反馈单以及实验组织者的发言。

第二节　操作检验

为了检验实验参与者是否感知到了恰当的负反馈类型,研究活动利用团队成员对负反馈的感知结果对有关负反馈类型的操作进行一次检验。结果显示,控制型负反馈小组中的团队成员对信息型负反馈的感知($n=27, \bar{X}=3.852$)显著低于信息型负反馈小组中的团队成员对信息型负反馈的感知($n=31, \bar{X}=4.774$)($t=-3.110, p<0.01$),以及控制组中的团队成员对控制型负反馈的感知;类似的,控制型负反馈小组中的团队成员对控制型负反馈的感知($n=27, \bar{X}=5.010$)显著高于控制型负反馈小组中的团队成员对控制型负反馈的感知($n=31, \bar{X}=3.420$)($t=6.403, p<0.001$),以及控制组中的团队成员对信息型负反馈的感知。统计结果如表 5－1 和表 5－2 所示。为了检验实验中团队成员感知得到的合作目标相依性是否具有显著性的不同,研究活动利用团队成员对团队目标相依性的感知结果进行检验。结果显示,不同情境下的团队成员对合作目标相依性程度的感知显著性不同($t=3.462, p<0.01$)。统计结果如表 5－3 和表 5－4 所示。

表 5-1　独立样本检验(一)

		方差方程的 Levene 检验		均值方程的 t 检验						
		F	Sig.	t	df	Sig.（双侧）	均值差值	标准误差值	差分的 95% 置信区间 下限	差分的 95% 置信区间 上限
信息型负反馈	假设方差相等	1.235	0.271	−3.110	56	0.003	−0.922	0.296	−1.516	−0.328
	假设方差不相等			−3.163	55.447	0.003	−0.922	0.292	−1.507	−0.338
控制型负反馈	假设方差相等	3.811	0.056	6.403	56	0.000	1.58921	0.248	1.092	2.086
	假设方差不相等			6.566	53.263	0.000	1.58921	0.242	1.104	2.075

表 5-2　组统计量(一)

	负反馈类型(控制型=1,信息型=0)	N	均值	标准差	均值的标准误
信息型负反馈	1	27	3.852	0.976	0.188
	0	31	4.774	1.243	0.223
控制型负反馈	1	27	5.010	0.745	0.143
	0	31	3.420	1.085	0.195

表 5-3　独立样本检验(二)

		方差方程的 Levene 检验		均值方程的 t 检验						
		F	Sig.	t	df	Sig.（双侧）	均值差值	标准误差值	差分的 95% 置信区间 下限	差分的 95% 置信区间 上限
合作目标相依性	假设方差相等	0.008	0.930	3.462	87	0.001	0.863	0.249	0.368	1.359
	假设方差不相等			3.465	86.131	0.001	0.863	0.249	0.368	1.358

表 5-4　组统计量(二)

	合作目标相依性(高=1,低=0)	N	均值	标准差	均值的标准误
合作目标相依性	1	42	4.616	1.166	0.180
	0	47	3.753	1.182	0.172

以上数据表明,本次研究中的两个自变量——控制型负反馈和信息型负反馈得到了有效的控制,本研究中的调节变量——合作目标相依性也得到了有效的控制。

第三节　数据的初步分析

一、聚合分析与信度、效度分析

由于本研究的中介变量——团队创造性效能和任务承诺,这两个作为团队层面的变量是由个人层面的感知整合而来,因此我们首先分析个人层面的变量是否具有组内一致与组间差异。组内一致性程度由 R_{wg} 来反映,可以通过 James、Demaree和 Wolf 的公式计算[172]。经过计算,所有 89 个小组的两个变量的 R_{wg} 值均超过了临界值 0.70($0.71 \leqslant R_{wg}(j) \leqslant 0.98$),表明两个变量的聚合具有足够的一致性程度。此外,我们还使用 Bliese 和 Halverson 的公式计算了反映组间差异程度的指标 ICC(1)和 ICC(2)[173],团队创造性效能的 ICC(1)值为 0.21,任务承诺的 ICC(1)为 0.27,均大于组织管理研究中观察到的中位数 0.12,团队创造性效能的 ICC(2)为 0.72,任务承诺的 ICC(2)为 0.75,两个变量的 Chi-square 值在 0.01 水平下均显著,表明两个变量具有足够的组间差异。聚合分析检验结果表明将个体层面数据聚合到团队层面是可行的,因此,我们将每个团队内部成员报告的值取平均得到这两个变量的团队层面测量数据。

由于本书中关于团队创造性效能和任务承诺使用调研问卷进行测量,因此我们针对团队创造性效能和任务承诺的测量进行信度分析,并选择 Cronbach's α 系数大于 0.6 作为标准检验变量是否具有内部一致性。检验结果发现,团队创造性效能与任务承诺的 Cronbach's α 系数分别为 0.83、0.88,均大于 0.60,说明本书所采用的变量在样本数据中表现出了良好的内部一致性特征。

本研究主要运用验证性因子分析的方法,对样本数据的内容效度和结构效度进行检验,其中结构效度又包括会聚效度和区分效度。为了保证测量量表的内容效度，研究二在提出各项变量的测量指标时，首先，参考了已有的研究文献，结合实际问题的研究背景，对已有的量表进行了修订和改编；其次，在问卷填写说明部分为实验参与者提供了对调查变量的解释，在问卷填答之前，实验主持人对每部分所问的问题都进行了比较详尽的说明；再次，通过对预实验中的40名参与者的调研和访谈，对量表中各个题项的措辞做了完善；最后，将量表送交有关专家与学者，就内容进行咨询和访谈，在他们的意见基础上，进一步修订后形成最终问卷。经过上述的修订和完善过程，可以认为本研究的量表具有较好的内容效度。

与研究一相同，我们通过检验会聚效度和区分效度来检验量表的结构效度，检验结果表明，两个中介变量，即团队创造性效能和任务承诺的所有题项的因子载荷都达到了0.7的水平，团队创造性效能三个题项的因子载荷分别为0.79、0.82、0.88，任务承诺四个题项的因子载荷分别为0.86、0.84、0.87、0.78，这说明这些指标和所测变量之间存在统计显著性，即各个题项满足会聚效度的要求。我们通过计算AVE平方根的方法来检验区分效度，将AVE与相关系数矩阵(见表5-5)中的相关系数进行对比，发现团队创造性效能和任务承诺的AVE的平方根均大于最低临界值0.5，并且两个潜变量的AVE的平方根均高于它们与其他变量的相关系数，说明两个变量之间具有较好的区分效度。

二、描述性统计与多重共线性

本书使用SPSS 19.0对本研究中的所有变量做Person相关分析，来初步判断模型中研究假设是否合理，并根据相关系数的大小来预判是否需要进行多重共线性检验，分析结果如表5-5所示。

从表5-5中可以看出，团队创造性效能和任务承诺与其他所有变量之间的相关系数要小于对角线上AVE的平方根，从而证明了这两个变量之间具有良好的区别效度。

多重共线性是解释变量之间存在严重的线性相关，从而影响到回归方程的效果。最常用的多重共线性诊断方法是利用方差膨胀因子(VIF)进行检验。自变量x_i的方差膨胀因子记为$(\mathrm{VIF})_i$，其计算方法为$(\mathrm{VIF})_i=(1-R_i^2)^{-1}$。其中，$R_i^2$是以$x_i$为因变量时对其他自变量回归的复测算系数。所有$x_i$中最大的$(\mathrm{VIF})_i$通常被用来作为测量多重共线性的指标。一般认为，如果最大的VIF超过10，则表示多重共线性将严重影响到最小二乘法的估计值。

通过对主要变量之间的回归模型的VIF计算可知，模型中各个自变量的VIF均小于3，可以认为，本研究中自变量之间不存在较强的多重共线性问题。

表 5-5　变量统计描述和相关分析

	变量	均值	方差	1	2	3	4	5	6	7	8	9	10	11	12
1	团队性别构成 1	0.26	0.44	—											
2	团队性别构成 2	0.16	0.37	−0.26	—										
3	团队性别构成 3	0.35	0.48	−0.43**	−0.32**	—									
4	初始新颖性	4.39	1.01	−0.01	0.01	0.03	—								
5	初始有效性	4.50	0.86	−0.05	−0.24*	0.17	0.03	—							
6	控制型负反馈	0.30	0.46	0.06	−0.08	−0.02	0.02	0.01	—						
7	信息型负反馈	0.35	0.48	−0.11	0.20	0.16	−0.01	0.06	−0.48	—					
8	合作目标相依性	0.47	0.50	0.11	−0.04	0.16	0.03	0.25*	−0.04	0.07	—				
9	团队创造性效能	4.24	1.09	−0.10	−0.09	0.13	−0.02	0.32**	−0.33**	0.06	0.41**	**0.73**			
10	任务承诺	4.50	0.97	0.06	0.02	0.29**	−0.12	0.09	−0.20	0.45	0.41**	0.17	**0.68**		
11	最终新颖性	4.42	1.16	−0.14	0.05	0.33**	0.25*	−0.01	−0.41**	0.47**	0.46**	0.49**	0.46**	—	
12	最终有效性	4.44	1.04	0.06	0.05	0.10	−0.20	0.29**	−0.38**	0.44**	0.50*	0.38**	0.49**	0.34**	—

注:①$N=89$。

②* 表示 $p<0.05$,** 表示 $p<0.01$。

③相关系数矩阵下三角中,两个中介变量的 AVE 的平方根在对角线上,加粗显示。

第四节 假设检验结果

本书选择方差分析、多元线性回归方程模型作为主要的实证研究方法。方差分析的主要目标在于：通过分析研究中各个自变量、自变量和调节变量的乘积的变异对总变异的贡献大小，确定自变量、自变量和调节变量的乘积对研究结果影响力的大小，我们具体采用了协方差分析来研究涉及主效应、调节效应的假设。回归模型的主要目标在于：验证一系列因素作为自变量、中介变量、调节变量等对于一个因变量的影响是否存在(用回归系数的显著性表达)以及这种影响的性质，我们具体采用了层级回归分析(hierarchical regression analyses)来研究涉及中介效应、受中介的调节效应的假设。

一、不同类型负反馈对团队创造力的直接效应检验

首先，我们针对关于不同类型负反馈影响团队创造力的直接效应的假设，也就是对假设 1 和假设 2 进行检验。在将初始团队创造力作为协变量的基础上，我们将接收到控制型负反馈的最终团队创造力水平和控制组(没有接收到任何类型负反馈)的最终团队创造力水平进行对比，分析结果如表 5－6 和表 5－7 所示。表 5－6和表 5－7 中的单因素协方差分析结果表明，初始想法的新颖性对最终想法的新颖性有显著影响，$F(1,56)=10.057(p<0.01)$，初始想法的有效性对最终想法的有效性有显著影响，$F(1,56)=8.839(p<0.01)$；控制型负反馈对最终想法的新颖性有显著影响，$F(1,56)=5.250(p<0.05)$，接收到控制型负反馈的团队创造力的新颖性($M=3.70$)显著差于控制组的团队创造力的新颖性($M=4.29$)，接收到控制型负反馈的团队创造力的有效性($M=3.85$)显著差于控制组的团队创造力的有效性($M=4.34$)，$F(1,56)=4.492(p<0.05)$，假设 1 得到验证。

表 5－6 控制型负反馈对团队创造力的新颖性维度的影响[a]

	平方和	df	均方	F	显著性
校正模型	15.249[b]	2	7.625	7.457	0.001
截距	12.434	1	12.434	12.161	0.001
初始新颖性	10.283	1	10.283	10.057	0.002
控制型负反馈	5.367	1	5.367	5.250	0.026
误差	56.234	55	1.022		

续表

	平方和	df	均方	F	显著性
总计	1007.500	58			
校正的总计	71.483	57			

注：a. 方差齐性检验相伴概率为 0.129，满足方差检验的前提条件；
预测变量：常量，控制型负反馈(控制型负反馈＝1，控制组＝0)；
协变量：初始新颖性，即团队针对任务一提出的想法的新颖性；
因变量：新颖性维度，即团队针对任务二提出的想法的新颖性。
b. $R^2=0.213$(调整 $R^2=0.185$)。

表 5－7　控制型负反馈对团队创造力的有效性维度的影响[a]

	平方和	df	均方	F	显著性
校正模型	10.748[b]	2	5.374	6.463	0.003
截距	15.402	1	15.402	18.5220	0.000
初始有效性	7.350	1	7.350	8.839	0.004
控制型负反馈	3.736	1	3.736	4.492	0.039
误差	45.737	55	0.832		
总计	1036.803	58			
校正的总计	56.485	57			

注：a. 方差齐性检验相伴概率为 0.637，大于显著性水平 0.05，满足方差检验的前提条件；
预测变量：常量，控制型负反馈(控制型负反馈＝1，控制组＝0)；
协变量：初始有效性，即团队针对任务一提出的想法的有效性；
因变量：有效性维度，即团队针对任务二提出的想法的有效性。
b. $R^2=0.190$(调整 $R^2=0.161$)。

类似的，在将初始团队创造力作为协变量的基础上，我们将接收到信息型负反馈的最终团队创造力水平和控制组(没有接收到任何类型负反馈)的最终团队创造力水平进行对比，分析结果如表 5－8 和表 5－9 所示。表 5－8 和表 5－9 中的协方差分析结果表明，初始想法的新颖性对最终想法的新颖性有显著影响，$F(1,60)=11.012(p<0.01)$，但初始想法的有效性对最终想法的有效性的影响不显著，$F(1,60)=2.509(p>0.1)$，这可能是由于任务一和任务二内容差异比较大所造成的；信息型负反馈对最终想法的新颖性有显著影响，$F(1,60)=15.763(p<0.001)$，接收到信息型负反馈的团队创造力的新颖性($M=5.16$)显著强于控制组的团队创造力的新颖性($M=4.29$)，同时，信息型负反馈对最终想法的有效性有显著影响，$F(1,60)=9.936(p<0.01)$，接收到信息型负反馈的团队创造力的有效性($M=5.06$)显著强于控制组的团队创造力的有效性($M=4.34$)，假设 2 得到验证。

表 5-8　信息型负反馈对团队创造力的新颖性维度的影响[a]

	平方和	df	均方	F	显著性
校正模型	19.871[b]	2	9.936	13.486	0.000
截距	38.867	1	38.867	52.756	0.000
初始新颖性	8.113	1	8.113	11.012	0.002
信息型负反馈	11.614	1	11.614	15.763	0.000
误差	43.467	59	0.737		
总计	1448.000	62			
校正的总计	63.339	61			

注：a. 方差齐性检验相伴概率为 0.532，满足方差检验的前提条件；

预测变量：常量，信息型负反馈（信息型负反馈=1，控制组=0）；

协变量：初始新颖性；

因变量：新颖性维度。

b. $R^2=0.314$（调整 $R^2=0.290$）。

表 5-9　信息型负反馈对团队创造力的有效性维度的影响[a]

	平方和	df	均方	F	显著性
校正模型	10.121[b]	2	5.060	6.615	0.003
截距	34.423	1	34.423	45.001	0.000
初始有效性	1.919	1	1.919	2.509	0.119
信息型负反馈	7.601	1	7.601	9.936	0.003
误差	45.132	59	0.765		
总计	1425.303	62			
校正的总计	55.252	61			

注：a. 方差齐性检验相伴概率为 0.870，满足方差检验的前提条件；

预测变量：常量，信息型负反馈（信息型负反馈=1，控制组=0）；

协变量：初始有效性；

因变量：有效性维度。

b. $R^2=0.183$（调整 $R^2=0.155$）。

二、不同类型负反馈与团队意愿的关系检验

我们采用与上述类似的方法针对关于不同类型负反馈对不同团队意愿（团队创造性效能和任务承诺）的影响的假设，也就是对假设 3 和假设 4 进行检验。我们

将接收到控制型负反馈的团队创造性效能、任务承诺和控制组的团队创造性效能、任务承诺进行对比,分析结果如表 5－10 和表 5－11 所示。表 5－10 和表 5－11 中的协方差分析结果表明,控制型负反馈对团队创造性效能有显著影响,$F(1,56)=10.150$($p<0.01$),接收到控制型负反馈的团队创造性效能($M=3.70$)显著低于控制组的团队创造性效能($M=4.64$),但接收到控制型负反馈的团队的任务承诺($M=4.20$)和控制组的团队的任务承诺($M=4.17$)没有显著差别,$F(1,56)=0.022$($p>0.1$),假设 3 得到验证。

表 5－10　控制型负反馈对团队创造性效能的影响[a]

	平方和	d*f*	均方	*F*	显著性
校正模型	12.729[b]	1	12.729	10.150	0.002
截距	1003.026	1	1003.026	799.798	0.000
控制型负反馈	12.729	1	12.729	10.150	0.002
误差	70.230	56	1.254		
总计	1106.499	58			
校正的总计	82.958	57			

注:a. 方差齐性检验相伴概率为 0.629,满足方差检验的前提条件;
预测变量:常量,控制型负反馈(控制型负反馈＝1,控制组＝0);
因变量:团队创造性效能。
b. $R^2=0.153$(调整 $R^2=0.138$)。

表 5－11　控制型负反馈对任务承诺的影响[a]

	平方和	d*f*	均方	*F*	显著性
校正模型	0.018[b]	1	0.018	0.022	0.883
截距	1011.912	1	1011.912	1236.169	0.000
控制型负反馈	0.018	1	0.018	0.022	0.883
误差	45.841	56	0.819		
总计	1062.019	58			
校正的总计	45.859	57			

注:a. 方差齐性检验相伴概率为 0.916,满足方差检验的前提条件;
预测变量:常量,控制型负反馈(控制型负反馈＝1,控制组＝0);
因变量:任务承诺。
b. $R^2=0.000$(调整 $R^2=-0.017$)。

类似的,我们将接收到信息型负反馈的任务承诺、团队创造性效能和控制组的任务承诺、团队创造性效能进行对比，分析结果如表 5 - 12 和表 5 - 13 所示。表 5 - 12和表 5 - 13 中的协方差分析结果表明，信息型负反馈对任务承诺有显著影响，$F(1,60)=17.800$($p<0.001$)，接收到信息型负反馈的团队的任务承诺($M=5.08$)显著强于控制组的团队的任务承诺($M=4.17$)，但接收到信息型负反馈的团队创造性效能($M=4.33$)和控制组的团队创造性效能($M=4.64$)没有显著差别，$F(1,60)=1.642$($p>0.1$)，假设 4 得到验证。

表 5 - 12 信息型负反馈对任务承诺的影响[a]

	平方和	df	均方	F	显著性
校正模型	13.119[b]	1	13.119	17.800	0.000
截距	1328.717	1	1328.717	1802.784	0.000
信息型负反馈	13.119	1	13.119	17.800	0.000
误差	44.222	60	0.737		
总计	1386.059	62			
校正的总计	57.341	61			

注：a. 方差齐性检验相伴概率为 0.508，满足方差检验的前提条件；
预测变量：常量，信息型负反馈(信息型负反馈=1，控制组=0)；
因变量：任务承诺。
b. $R^2=0.229$(调整 $R^2=0.216$)。

表 5 - 13 信息型负反馈对团队创造性效能的影响[a]

	平方和	df	均方	F	显著性
校正模型	1.511[b]	1	1.511	1.642	0.205
截距	1245.440	1	1245.440	1353.121	0.000
信息型负反馈	1.511	1	1.511	1.642	0.205
误差	55.225	60	0.920		
总计	1302.177	62			
校正的总计	56.737	61			

注：a. 方差齐性检验相伴概率为 0.169，满足方差检验的前提条件；
预测变量：常量，信息型负反馈(信息型负反馈=1，控制组=0)；
因变量：团队创造性效能。
b. $R^2=0.027$(调整 $R^2=0.010$)。

三、团队意愿在不同类型负反馈与团队创造力之间的中介作用检验

为了检验两种团队意愿（团队创造性效能和任务承诺）的中介效应，本书采用多元线性回归方程模型，遵循 Baron 和 Kenny 所提出的中介效应检验步骤进行[171]。按照他们提出的判断依据，通常需要满足以下条件：①自变量 X 对于因变量 Y 的作用显著；②自变量 X 对于中介变量 M 具有显著的影响；③中介变量 M 对因变量 Y 的作用显著；④将自变量 X 和中介变量 M 同时放入模型中，自变量 X 对于因变量 Y 的作用相对于第一步变弱或者变为不显著。其中，自变量对因变量的作用，以及自变量对中介变量的作用已经在上文中得到检验，我们利用回归方法对这些关系再次进行验证，并进一步检验团队意愿作为中介变量对团队创造力两个维度的影响，以及将自变量和中介变量一起放入模型中，所得到的效应变化情况。检验结果如表 5-14 所示。

为了在回归方程中检验两种类型负反馈对团队创造力的影响，本研究运行了模型 1 和模型 5。将控制变量、控制型负反馈、信息型负反馈放入模型 1，对新颖性维度进行回归，模型 1 结果显示，控制型负反馈系数显著为负（$\beta=-0.27$，$p<0.01$），信息型负反馈系数显著为正（$\beta=0.28$，$p<0.01$），这说明两种类型负反馈对团队创造力的新颖性维度均产生显著影响；将控制变量、控制型负反馈、信息型负反馈放入模型 5，对有效性维度进行回归，模型 5 结果显示，控制型负反馈系数显著为负（$\beta=-0.24$，$p<0.05$），信息型负反馈系数显著为正（$\beta=0.28$，$p<0.05$），这说明控制型负反馈对有效性维度产生显著负向影响，而信息型负反馈对有效性维度产生显著正向影响。

为了考察两种不同的团队意愿（团队创造性效能和任务承诺）与团队创造力的新颖性维度之间的关系，我们在表 5-14 的模型 2 中将控制变量和两种团队意愿纳入回归模型，由模型 2 中的回归结果可以看出，团队创造性效能与团队创造力的新颖性维度之间存在显著的正向关系（$\beta=0.43$，$p<0.001$），因此本书的假设 5a 得到了验证。任务承诺与团队创造力的新颖性维度之间存在显著的正向关系（$\beta=0.35$，$p<0.001$），因此本书的假设 7a 得到了验证。

为了考察团队创造性效能、任务承诺与团队创造力的有效性维度之间的关系，我们在表 5-14 的模型 6 中将控制变量和两种团队意愿纳入回归模型，根据回归结果，团队创造性效能与团队创造力的有效性维度之间的正向关系显著（$\beta=0.27$，$p<0.01$），因此本书的假设 5b 得到了验证。任务承诺与团队创造力的有效性维度之间存在显著的正向关系（$\beta=0.42$，$p<0.001$），因此本书的假设 7b 得到了验证。

表 5-14 团队意愿在不同类型负反馈与团队创造力之间的中介作用的回归分析结果

	团队创造性效能	任务承诺	新颖性维度				有效性维度			
			模型 1	模型 2	模型 3	模型 4	模型 5	模型 6	模型 7	模型 8
控制变量										
性别构成 1	−0.08	0.32	0.08	0.03	0.12	−0.01	0.21+	0.10	0.22*	0.09
性别构成 2	−0.10	0.15	0.09	0.16+	0.14	0.05	0.14	0.15	0.15	0.08
性别构成 3	0.07	0.42***	0.34**	0.23*	0.31***	0.21+	0.13	−0.01	0.11	−0.01
初始新颖性			0.25**	0.29***	0.25**	0.29**				
初始有效性							0.30**	0.21*	0.21*	0.28**
主效应										
控制型负反馈	−0.40***	0.02	−0.27**		−0.09	−0.26**	−0.24*		−0.13	−0.23*
信息型负反馈	−0.14	0.37***	0.28**		0.34***	0.17	0.28*		0.33**	0.15*
中介效应										
团队创造性效能				0.43***	0.43***			0.27**	0.28**	
任务承诺				0.35***		0.30**		0.42***		0.35***
F 值	2.98*	7.69***	9.42***	14.99***	15.17***	10.24***	6.85***	8.50***	7.46***	8.22***
R^2	0.15	0.32	0.41	0.52	0.57	0.47	0.33	0.38	0.39	0.42
Adjusted R^2	0.10	0.28	0.37	0.49	0.53	0.42	0.29	0.34	0.34	0.37
$\triangle R^2$					0.16***	0.06**			0.06***	0.08***

注：①$N=89$。

②+ 表示 $p<0.10$，* 表示 $p<0.05$，** 表示 $p<0.01$，*** 表示 $p<0.001$。

③回归系数为标准回归系数。

1. 团队创造性效能在控制型负反馈和团队创造力之间的中介效应

关于团队创造性效能在控制型负反馈和团队创造力的新颖性维度之间的中介效应,首先,如表 5－14 中模型 1 所示,自变量控制型负反馈与因变量新颖性维度显著相关;其次,如表 5－14 所示,控制型负反馈与中介变量团队创造性效能显著相关($\beta=-0.40, p<0.001$);再次,如模型 2 所示,中介变量团队创造性效能与因变量新颖性维度显著相关;最后,如模型 3 所示,在加入了团队创造性效能后,控制型负反馈对新颖性维度的回归系数值有所下降(由－0.27 降为－0.09),且变得不显著,同时,团队创造性效能对新颖性维度的回归系数值是显著的($\beta=0.43, p<0.001$),表明团队创造性效能在控制型负反馈和团队创造力的新颖性维度之间起到中介作用,假设 6a 得到支持。

关于团队创造性效能在控制型负反馈和团队创造力的有效性维度之间的中介效应,首先,如表 5－14 中模型 5 所示,自变量控制型负反馈与因变量有效性维度显著相关;其次,如表 5－14 所示,控制型负反馈与中介变量团队创造性效能显著相关;再次,如模型 6 所示,中介变量团队创造性效能与因变量有效性维度显著相关;最后,如模型 7 所示,在加入了团队创造性效能后,控制型负反馈对有效性维度的回归系数值有所下降(由－0.24 降为－0.13),且变得不显著,同时,团队创造性效能对有效性维度的回归系数值是显著的($\beta=0.28, p<0.01$),表明团队创造性效能在控制型负反馈和团队创造力的有效性维度之间起到中介作用,假设 6b 得到支持。

2. 任务承诺在信息型负反馈和团队创造力之间的中介效应

关于任务承诺在信息型负反馈和团队创造力的新颖性维度之间的中介效应,首先,如表 5－14 中模型 1 所示,自变量信息型负反馈与因变量新颖性维度显著相关;其次,如表 5－14 所示,信息型负反馈与中介变量任务承诺显著相关($\beta=0.37$, $p<0.001$);再次,如模型 2 所示,中介变量任务承诺与因变量新颖性维度显著相关;最后,如模型 4 所示,在加入了任务承诺后,信息型负反馈对新颖性维度的回归系数值有所下降(由 0.28 降为 0.17),同时,任务承诺对新颖性维度的回归系数值是显著的($\beta=0.30, p<0.01$),表明任务承诺在信息型负反馈和团队创造力的新颖性维度之间起到中介作用,假设 8a 得到支持。

关于任务承诺在信息型负反馈和团队创造力的有效性维度之间的中介效应,首先,如表 5－14 中模型 5 所示,自变量信息型负反馈与因变量有效性维度显著相关;其次,信息型负反馈与中介变量任务承诺显著相关;再次,如模型 6 所示,中介变量任务承诺与因变量有效性维度显著相关;最后,如模型 7 所示,在加入了任务承诺后,信息型负反馈对有效性维度的回归系数值有所下降(由 0.28 降为 0.15),但仍然显著,任务承诺对有效性维度的回归系数值是显著的($\beta=0.35, p<0.001$),这表明任务承诺在信息型负反馈和团队创造力的有效性维度之间起到中介作用,假设 8b 得到支持。

3. 中介效应显著性的 Bootstrap 检验

为了进一步说明两种团队意愿在不同类型负反馈与团队创造力之间关系的中介作用，需要对中介效应的显著性进行检验。由于小样本通常难以满足 Sobel 检验对参数分布的正态性假设，而偏差校正 Bootstrap 法（bias-corrected bootstrap，BC）则能适用于中、小样本，提供的置信区间估计也更准确[176]。我们根据 Preacher 和 Hayes 所提出的步骤[176]，使用 SPSS 19.0 软件对中介效应进行偏差校正 Bootstrap 检验，得到 95%的中介效应置信区间，如表 5－15 所示。在表 5－15 中，所有中介效应各置信区间都不包括 0，说明上文中得到验证的中介效应均存在，同时，分析结果表明，团队创造性效能中介了 33.33%的控制型负反馈对新颖性维度的影响，中介了 20.48%的控制型负反馈对有效性维度的影响；任务承诺中介了29.29%的信息型负反馈对新颖性维度的影响，中介了 33.33%的信息型负反馈对有效性维度的影响，这进一步支持了假设 6a、假设 6b、假设 8a 和假设 8b。

表 5－15 不同类型负反馈与团队创造力之间中介效应的显著性检验结果

检验对象	因变量	置信区间		中介效应	总效应	相对中介效应（中介效应/总效应）
		下限	上限			
团队创造性效能对控制型负反馈—团队创造力的中介效应	新颖性维度	－0.69	－0.11	－0.33	－0.99	33.33%
	有效性维度	－0.36	－0.03	－0.17	－0.83	20.48%
任务承诺对信息型负反馈—团队创造力的中介效应	新颖性维度	0.07	0.61	0.29	0.99	29.29%
	有效性维度	0.10	0.56	0.29	0.87	33.33%

注：①$N=89$。

②Bootstrap 重抽样次数＝1000。

四、合作目标相依性受中介的调节作用检验

1. 合作目标相依性与负反馈的交互作用的协方差检验

在进行调节作用分析之前，我们采用协方差分析来考察合作目标相依性和不同类型负反馈的交互是否对团队创造力产生影响。在将初始团队创造力作为协变量的基础上，我们考察控制型负反馈、控制型负反馈与合作目标相依性的交互作用对最终团队创造力的影响，分析结果如表 5－16 和表 5－17 所示。表 5－16 和表5－17中的

协方差分析结果表明,合作目标相依性与控制型负反馈的交互对最终想法的新颖性有显著影响,$F(1,56)=21.752(p<0.001)$;且合作目标相依性和控制型负反馈的交互对团队创造力的有效性有显著影响,$F(1,56)=18.411(p<0.001)$。

表 5-16 合作目标相依性和控制型负反馈的交互对新颖性维度的影响[a]

	平方和	df	均方	F	显著性
校正模型	37.687[b]	4	9.422	14.776	0.000
截距	14.243	1	14.243	22.337	0.000
初始新颖性	9.034	1	9.034	14.167	0.000
控制型负反馈	3.568	1	3.568	5.596	0.022
合作目标相依性	10.107	1	10.107	15.850	0.000
控制型负反馈 * 合作目标相依性	13.870	1	13.870	21.752	0.000
误差	33.795	53	0.638		
总计	1007.500	58			
校正的总计	71.483	57			

注:a. 方差齐性检验相伴概率为 0.367,满足方差检验的前提条件;

预测变量:常量,控制型负反馈(控制型负反馈=1,控制组=0),合作目标相依性(高合作目标相依性=1,低合作目标相依性=0),控制型负反馈与合作目标相依性的交互项;

协变量:初始新颖性;

因变量:新颖性维度,即团队针对任务二提出的想法的新颖性。

b. $R^2=0.527$(调整 $R^2=0.492$)。

表 5-17 合作目标相依性和控制型负反馈的交互对有效性维度的影响[a]

	平方和	df	均方	F	显著性
校正模型	25.214[a]	4	6.303	10.683	0.000
截距	20.460	1	20.460	34.675	0.000
初始有效性	2.660	1	2.660	4.509	0.038
控制型负反馈	2.342	1	2.342	3.969	0.051
合作目标相依性	4.709	1	4.709	7.982	0.007
控制型负反馈 * 合作目标相依性	10.863	1	10.863	18.411	0.000
误差	31.272	53	0.590		

续表

	平方和	df	均方	F	显著性
总计	1036.803	58			
校正的总计	56.485	57			

注：a. 方差齐性检验相伴概率为 0.102，大于显著性水平 0.05，满足方差检验的前提条件；
预测变量：常量，控制型负反馈（控制型负反馈＝1，控制组＝0），合作目标相依性（高合作目标相依性＝1，低合作目标相依性＝0），控制型负反馈与合作目标相依性的交互项；
协变量：初始有效性；
因变量：有效性维度。
b. $R^2=0.446$（调整 $R^2=0.405$）。

类似的，我们采用协方差分析来考察合作目标相依性和信息型负反馈的交互是否对团队创造力产生影响，分析结果如表 5－18 和表 5－19 所示。表 5－18 和表 5－19中的协方差分析结果表明，合作目标相依性与信息型负反馈的交互对最终想法的新颖性有显著影响，$F(1,60)=15.224$（$p<0.001$）；且合作目标相依性与信息型负反馈的交互对最终想法的有效性也有显著影响，$F(1,60)=21.539$（$p<0.001$）。

表 5－18　合作目标相依性和信息型负反馈的交互对新颖性维度的影响[a]

	平方和	df	均方	F	显著性
校正模型	33.322[b]	4	8.330	15.819	0.000
截距	36.815	1	36.815	69.909	0.000
初始新颖性	8.813	1	8.813	16.735	0.000
信息型负反馈	11.157	1	11.157	21.185	0.000
合作目标相依性	5.364	1	5.364	10.186	0.002
信息型负反馈 * 合作目标相依性	8.017	1	8.017	15.224	0.000
误差	30.017	57	0.527		
总计	1448.000	62			
校正的总计	63.339	61			

注：a. 方差齐性检验相伴概率为 0.532，满足方差检验的前提条件；
预测变量：常量，信息型负反馈（信息型负反馈＝1，控制组＝0），合作目标相依性（高合作目标相依性＝1，低合作目标相依性＝0），信息型负反馈与合作目标相依性的交互项；
协变量：初始新颖性；
因变量：新颖性维度。
b. $R^2=0.314$（调整 $R^2=0.290$）。

表 5-19 合作目标相依性和信息型负反馈的交互对有效性维度的影响[a]

	平方和	df	均方	F	显著性
校正模型	26.774[b]	4	6.694	13.397	0.000
截距	27.650	1	27.650	55.342	0.000
初始有效性	2.958	1	2.958	5.920	0.018
信息型负反馈	7.192	1	7.192	14.396	0.000
合作目标相依性	5.336	1	5.336	10.681	0.002
信息型负反馈 * 合作目标相依性	10.761	1	10.761	21.539	0.000
误差	28.478	57	0.500		
总计	1425.303	62			
校正的总计	55.252	61			

注:a. 方差齐性检验相伴概率为 0.108,满足方差检验的前提条件;

预测变量:常量,信息型负反馈(信息型负反馈=1,控制组=0),合作目标相依性(高合作目标相依性=1,低合作目标相依性=0),信息型负反馈与合作目标相依性的交互项;

协变量:初始有效性;

因变量:有效性维度。

b. $R^2=0.485$(调整 $R^2=0.448$)。

2. 合作目标相依性受中介的调节作用的回归模型检验

为了检验合作目标相依性受中介的调节作用,本书采用多元线性回归方程模型,遵循 Muller 等人所提出的检验步骤进行[177]。按照他们提出的判断依据,通常需要满足以下条件:①调节作用显著,即自变量 X、自变量 X 和调节变量 Z 的乘积项对因变量 Y 的影响均显著;②自变量 X 和调节变量 Z 的乘积项对中介变量 M 具有显著的影响;③中介变量 M 对因变量 Y 的作用显著;④将自变量 X 和调节变量 Z 的交互项以及中介变量 M 同时放入模型中,乘积项对于因变量 Y 的作用相对于第一步变弱或者变为不显著。

由于控制型负反馈仅对团队创造力的新颖性维度产生显著影响,因此我们利用回归的方法首先对合作目标相依性对控制型负反馈和新颖性维度之间关系的调节作用,以及团队创造性效能对这种调节作用可能存在的中介效应进行验证。本书采用有中介的调节作用的分析方法。第一步,我们将新颖性维度作为因变量,在控制了团队性别构成、初始新颖性的基础上,将控制型负反馈和合作目标相依性作为自变量,同时将控制型负反馈与合作目标相依性的乘积项放入回归方程进行分析;第二步,我们将团队创造性效能作为因变量,在控制了团队性别构成影响的基础上,将控制型负反馈和合作目标相依性作为自变量,同时将控制型负反馈与合作目标相依性的乘积项放入回归方程进行分析；第三步，我们将新颖性维度作为因变量，在控制了团队性别构成和初始新颖性影响的基础上，将控制型负反馈、合作目标相依性、团队创造性效能作为自变量，同时将控制型负反馈与合作目标相依性的乘积项放入回归方程进行分析。回归分析结果如表 5 - 20 所示。

表 5 - 20 的模型 1 是控制变量、自变量、调节变量合作目标相依性对新颖性维度进行回归的结果。首先，如模型 1 所示，控制型负反馈对因变量新颖性维度的主效应是显著的($\beta=-0.38$，$p<0.001$)；其次，在模型 1 的基础上，加入控制型负反馈与合作目标相依性的乘积项，模型 2 的回归结果显示控制型负反馈与合作目标相依性的乘积项对新颖性维度的回归系数显著($\beta=0.22$，$p<0.01$)，且 R^2 产生比较显著的变化($\triangle R^2=0.05$，$p<0.01$)，证明合作目标相依性在控制型负反馈与团队创造力新颖性维度之间的调节效应是存在的，假设 9a 得到了验证。

表 5 - 20 的模型 5 是控制变量、自变量、调节变量合作目标相依性对有效性维度进行回归的结果。首先，如模型 5 所示，控制型负反馈对因变量有效性维度的主效应是显著的($\beta=-0.36$，$p<0.001$)；其次，在模型 5 的基础上，加入控制型负反馈与合作目标相依性的乘积项，模型 6 的回归结果显示控制型负反馈与合作目标相依性的乘积项对有效性维度的回归系数显著($\beta=0.21$，$p<0.05$)，且 R^2 产生比较显著的变化($\triangle R^2=0.04$，$p<0.05$)，证明合作目标相依性在控制型负反馈与团队创造力有效性维度之间的调节效应是存在的，假设 9b 得到了验证。

表 5 - 20 中模型 2 显示控制型负反馈与合作目标相依性的乘积项对新颖性维度的回归系数显著($\beta=0.22$，$p<0.01$)；表 5 - 20 中有关控制型负反馈与合作目标相依性的乘积项对团队创造性效能的回归系数显著($\beta=0.30$，$p<0.001$)；模型 3 中团队创造性效能对新颖性维度的回归系数显著($\beta=0.48$，$p<0.001$)；模型 4 中加入团队创造性效能后，控制型负反馈和合作目标相依性的乘积项对新颖性维度的回归系数下降(由 0.22 降为 0.16)。与此同时，团队创造性效能的回归系数是显著的($\beta=0.20$，$p<0.05$)。因此，合作目标相依性对控制型负反馈与新颖性维度关系的调节作用通过团队创造性效能的中介假设，也就是假设 10a 得到了验证。

表 5 - 20 中模型 6 中控制型负反馈与合作目标相依性的乘积项对有效性维度的回归系数显著($\beta=0.21$，$p<0.05$)；表 5 - 20 中有关控制型负反馈与合作目标相依性的乘积项对团队创造性效能的回归系数显著($\beta=0.30$，$p<0.001$)；模型 7 团队创造性效能对新颖性维度的回归系数显著($\beta=0.34$，$p<0.001$)；模型 8 中加入团队创造性效能后，控制型负反馈和合作目标相依性的乘积项对有效性维度的回归系数没有下降($\beta=0.21$，$p<0.05$)。与此同时，团队创造性效能的回归系数并不显著($\beta=0.14$，$p>0.1$)。因此，合作目标相依性对控制型负反馈与有效性维度关系的调节作用未通过团队创造性效能的中介假设，也就是假设 10b 未得到验证。

表 5-20 合作目标相依性在控制型负反馈与新颖性维度之间受中介的调节作用的回归分析结果

	团队创造性效能	新颖性维度				有效性维度			
		模型 1	模型 2	模型 3	模型 4	模型 5	模型 6	模型 7	模型 8
控制变量									
性别构成 1	−0.18	0.00	0.03	0.16	0.07	0.16	0.14	0.26*	0.14
性别构成 2	−0.19+	0.12	0.13	0.26**	0.17+	0.15	0.15	0.28*	0.14
性别构成 3	−0.12	0.29**	0.29**	0.41***	0.31**	0.08	0.08	0.22+	0.08
初始新颖性		0.24**	0.23**	0.25**	0.24**				
初始有效性						0.22*	0.19*	0.23*	0.19*
主效应									
控制型负反馈	−0.30***	−0.38***	−0.37***		−0.31***	−0.36***	−0.34***		−0.35***
合作目标相依性	0.44***	0.39***	0.40***		0.31***	0.41***	0.42***		0.43***
交互效应									
控制型负反馈 * 合作目标相依性	0.30***		0.22**		0.16+		0.21*		0.21*
中介效应									
团队创造性效能				0.48***	0.20*	0.20*		0.34***	0.14
F 值	8.87***	13.54***	13.76***	12.38***	13.12***	10.10***	10.05***	5.40***	8.70***
R^2	0.39	0.50	0.54	0.43	0.57	0.43	0.47	0.25	0.47
Adjusted R^2	0.35	0.46	0.50	0.39	0.52	0.38	0.42	0.20	0.41
$\triangle R^2$			0.05**		0.02*		0.04*		0.01

注:①N=89。

②+表示 $p<0.10$,*表示 $p<0.05$,**表示 $p<0.01$,***表示 $p<0.001$。

③回归系数为标准回归系数。

④为了避免多重共线性问题,涉及乘积项的变量均经过中心化处理。

类似的，我们利用回归的方法对合作目标相依性对信息型负反馈和团队创造力两个维度之间关系的调节作用，以及任务承诺对这种调节作用可能存在的中介效应进行验证。本书采用有中介的调节作用的分析方法。第一步，我们分别将团队创造力的新颖性维度和有效性维度作为因变量，在控制了团队性别构成和初始团队创造力的基础上，将信息型负反馈和合作目标相依性作为自变量，同时将信息型负反馈与合作目标相依性的乘积项放入回归方程进行分析；第二步，我们将任务承诺作为因变量，在控制了团队性别构成影响的基础上，将信息型负反馈和合作目标相依性作为自变量，同时将信息型负反馈与合作目标相依性的乘积项放入回归方程进行分析；第三步，我们分别将新颖性维度和有效性维度作为因变量，在控制了团队性别构成、初始团队创造力影响的基础上，将信息型负反馈、合作目标相依性、团队创造性效能作为自变量，同时将信息型负反馈与合作目标相依性的乘积项放入回归方程进行分析。回归分析结果如表 5 - 21 所示。

首先，如表 5 - 21 中的模型 1 所示，信息型负反馈对因变量新颖性维度的主效应是显著的($\beta=0.41$，$p<0.001$)，在模型 1 的基础上，加入信息型负反馈与合作目标相依性的乘积项，模型 2 的回归结果显示信息型负反馈与合作目标相依性的乘积项对新颖性维度的回归系数不显著($\beta=0.16$，$p>0.1$)，R^2没有产生比较显著的变化($\triangle R^2=0.01$，$p>0.1$)，证明合作目标相依性在信息型负反馈与团队创造力新颖性维度之间的调节效应不显著，假设 11a 没有得到验证。其次，如表 5 - 21 中的模型 5 所示，信息型负反馈对因变量有效性维度的主效应是显著的($\beta=0.40$，$p<0.001$)，在模型 5 的基础上，加入信息型负反馈与合作目标相依性的乘积项，模型 6 的回归结果显示信息型负反馈与合作目标相依性的乘积项对有效性维度的回归系数显著($\beta=0.34$，$p<0.01$)，R^2 产生比较显著的变化($\triangle R^2=0.04$，$p<0.05$)，证明合作目标相依性在信息型负反馈与团队创造力有效性维度之间的调节效应是存在的，假设 11b 得到了验证。

有关任务承诺对合作目标相依性在信息型负反馈与新颖性维度之间调节效应的中介作用，由于表 5 - 21 中信息型负反馈与合作目标相依性的乘积项对新颖性维度的回归系数不显著，因此有关合作目标相依性对信息型负反馈与新颖性维度关系的调节作用未通过任务承诺的中介效应的假设，即假设 12a 未得到验证。

有关任务承诺对合作目标相依性在信息型负反馈与有效性维度之间调节效应的中介作用，如表 5 - 21 中模型 6 所示，信息型负反馈与合作目标相依性的乘积项对有效性维度的回归系数显著；表 5 - 21 中有关信息型负反馈与合作目标相依性的乘积项对任务承诺的回归系数显著($\beta=0.17$，$p<0.05$)，模型 7 中任务承诺对有效性维度的回归系数显著($\beta=0.46$，$p<0.001$)，模型 8 中加入任务承诺后，信息型负反馈和合作目标相依性的乘积项对新颖性维度的回归系数依然显著($\beta=0.18$，$p<0.05$)。与此同时，任务承诺的回归系数却不显著($\beta=0.15$，$p>0.1$)。因此，有关合作目标相依性对信息型负反馈与有效性维度关系的调节作用未通过任务承诺的中介效应的假设，即假设 12b 未得到验证。

表 5-21　合作目标相依性在信息型负反馈与团队创造力之间受中介的调节作用的回归分析结果

	任务承诺	新颖性维度				有效性维度			
		模型 1	模型 2	模型 3	模型 4	模型 5	模型 6	模型 7	模型 8
控制变量									
性别构成 1	0.23*	−0.05	−0.05	−0.05	−0.08	0.06	0.07	0.07	0.03
性别构成 2	0.11	0.02	0.02	0.09	0.01	0.04	0.05	0.12	0.03
性别构成 3	0.32**	0.18+	0.18+	0.20	0.14	−0.03	−0.02	−0.03	−0.07
初始新颖性		0.23**	0.24**	0.30***	0.25		0.24**	0.29***	
初始有效性						0.18*			0.23**
主效应									
信息型负反馈	0.38***	0.41***	0.30**		0.27***	0.40***	0.19		0.34***
合作目标相依性	0.32***	0.40***	0.32**		0.30***	0.43***	0.26**		0.37***
交互效应									
信息型负反馈 * 合作目标相依性	0.17*		0.16		0.15		0.34**		0.18*
中介效应									
任务承诺			0.44***	0.44***	0.13			0.46***	0.15
F 值	10.63***	13.87***	12.33***	7.80***	11.03	11.02***	11.04***	7.80***	10.05***
R^2	0.44	0.50	0.52	0.32	0.53	0.45	0.49	0.32	0.50
Adjusted R^2	0.40	0.47	0.47	0.28	0.48	0.41	0.44	0.28	0.45
$\triangle R^2$			0.01	0.03*	0.01		0.04*		0.01

注:①$N=89$。

②+ 表示 $p<0.10$,* 表示 $p<0.05$,** 表示 $p<0.01$,*** 表示 $p<0.001$。

③回归系数为标准回归系数。

④为了避免多重共线性问题,涉及乘积项的变量均经过中心化处理。

第五节 本章小结

研究二在实验参与者所陌生的企业背景下设计了两轮合作想法产生任务，由本科生模拟的工作团队来参与实验研究并获得了87个团队的有效研究数据，本章分析了数据的基本特征并报告了概念模型中研究假设的实证验证结果。数据基本特征的分析结果表明，本书所设计的实验、所用的量表和构建的变量能够较好地胜任对概念模型和假设的检验。概念模型的实证验证结果表明，本书12条研究假设中有9条获得支持，有2条获得部分支持，1条未获得支持。从总体上来看，在陌生任务背景下，本研究建立的不同类型负反馈、团队的合作目标相依性、不同团队意愿与团队创造力两个维度之间关系的概念模型基本上成立。

实证结果得出以下结论。①不同类型负反馈对团队创造力的新颖性维度具有差异性影响：控制型负反馈对团队创造力新颖性维度和有效性维度均产生负面影响；信息型负反馈对团队创造力的新颖性维度和有效性维度均产生正面影响。②不同类型负反馈引发的团队意愿调节具有差异：控制型负反馈对团队创造性效能产生负面影响；信息型负反馈对任务承诺产生正面影响。③不同的团队意愿分别中介了不同类型负反馈与团队创造力新颖性维度的关系。团队创造性效能中介了控制型负反馈与团队创造力两个维度的关系；任务承诺中介了信息型负反馈与团队创造力两个维度的关系。④合作目标相依性调节了不同类型负反馈与团队创造力两个维度之间的关系：合作目标相依性减弱了控制型负反馈对团队创造力两个维度的负向影响，加强了信息型负反馈对团队创造力两个维度的正向影响。⑤团队意愿传导了合作目标相依性对不同类型负反馈与团队创造力的新颖性维度之间关系的调节效应：团队创造性效能中介了合作目标相依性对控制型负反馈与新颖性维度之间关系的调节效应，任务承诺中介了合作目标相依性对信息型负反馈与新颖性维度之间关系的调节效应。

为了简明起见，表5-22汇总了本书12条研究假设得到验证的详细情况。

表5-22 研究二假设检验结果一览表

假设	内容	检验结果
假设1	控制型负反馈对团队创造力的新颖性维度(a)和有效性维度(b)产生负向影响	通过
假设2	信息型负反馈对团队创造力的新颖性维度(a)和有效性维度(b)产生正向影响	通过

续表

假设	内容	检验结果
假设 3	控制型负反馈对团队创造性效能产生负向影响	通过
假设 4	信息型负反馈对任务承诺产生正向影响	通过
假设 5	团队创造性效能对团队创造力的新颖性维度(a)和有效性维度(b)产生正向影响	通过
假设 6	团队创造性效能是控制型负反馈与团队创造力的新颖性维度、有效性维度之间的中介变量，即控制型负反馈可以通过团队创造性效能来影响团队创造力的新颖性维度(a)、有效性维度(b)	通过
假设 7	任务承诺对团队创造力的新颖性维度(a)和有效性维度(b)产生正向影响	通过
假设 8	任务承诺是信息型负反馈与团队创造力的新颖性维度、有效性维度之间的中介变量，即信息型负反馈可以通过任务承诺来影响团队创造力的新颖性维度(a)、有效性维度(b)	通过
假设 9	合作目标相依性减弱了控制型负反馈与团队创造力的新颖性维度(a)、有效性维度(b)的负向关系	通过
假设 10	合作目标相依性对控制型负反馈与团队创造力的新颖性维度(a)、有效性维度(b)之间关系的调节效应受到团队创造性效能的中介	假设 10a 通过 假设 10b 未通过
假设 11	合作目标相依性加强了信息型负反馈与团队创造力的新颖性维度(a)、有效性维度(b)的正向关系	假设 11a 未通过 假设 11b 通过
假设 12	合作目标相依性对信息型负反馈与团队创造力的新颖性维度(a)、有效性维度(b)之间关系的调节效应受到任务承诺的中介	未通过

第六章

结果讨论

针对已有团队层面负反馈研究缺乏对团队创造力的关注、团队应对负反馈的调控机理没有得到有效揭示的研究现状，本书综合团队创造的激发型信息处理视角和应对反馈的团队调控范式，首先，通过区分不同提供方式的负反馈在团队创造中所引发的认知关闭/认知关闭延迟，提出了不同类型负反馈对团队创造力的差异性直接影响；其次，通过分析团队针对不同类型负反馈的不同归因所导致的团队意愿变化，以及这种变化对负反馈效应的传导，揭示了不同类型负反馈通过不同聚焦点的团队意愿作用于团队创造力的调控机理；最后，本书还分析了合作目标相依性作为团队本质特性对施加于团队创造力的负反馈效应强度的影响，以及这种影响是如何产生的。为了在各种任务情境下验证本书的理论模型和研究假设是否成立，本书设计并开展了两轮实验研究。研究一采用熟悉任务背景，得到了由 291 名本科生模拟的 97 个团队的有效数据，研究二采用陌生任务背景，得到了由 267 名本科生模拟的 89 个团队的有效数据。研究一的检验结果表明，12 条大研究假设中有 7 条获得支持，有 5 条获得部分支持；研究二检验结果表明，12 条大研究假设中有 9 条获得支持，有 2 条获得部分支持，1 条未获得支持。两轮实验研究的结果表明，本研究所建立的关于不同类型负反馈、团队的合作目标相依性、不同团队意愿和团队创造力之间关系的概念模型在两种任务背景下基本成立，大部分研究假设都得到了验证。在本章，我们将针对本书的实证结果进行详细讨论，并且提出本书研究结果的理论意义和实践意义。

第一节 对实证结果的讨论

一、不同类型负反馈对团队创造力的主效应

1. 控制型负反馈对团队创造力的影响

本书的假设 1 提出了控制型负反馈对团队创造力的新颖性维度和有效性维度都会带来负面影响。研究一在熟悉任务背景下对假设 1 的研究结果表明，控制型负反馈对团队创造力的新颖性维度产生负面影响，对团队创造力的有效性维度的负面影响不显著。研究二在陌生任务背景下对假设 1 的研究结果表明，控制型负反馈对团队创造力的新颖性维度和有效性维度均产生负面影响。

已有研究缺乏对控制型负反馈与团队创造力之间关系的探讨，Avery、Peterson、Behfar 和 Barr、Conlon 等学者发现，当负反馈让团队感知到他们的产出很难得到改善时，团队产出会下降[115-116,120]，但是他们的研究没有明确指出当负反馈以何种方式提供时，会导致团队产出下降。本书提出，当负反馈以控制性的方式提供时，

由于这种负反馈对团队的否定和操纵不附加任何解释，仅仅督促团队按照组织标准完成任务，会导致团队认为通过自主创造提出新颖的想法过于困难，而采用已有的常规方法来解决问题则省时省力，还能尽快达到标准，于是，团队认知提前关闭，最终所提出的想法由于未经过深入、体系化的信息处理，其新颖程度很难令人满意。Ryan 和 Zhou 在个体层面发现了控制型负反馈对内部动机和个体创造力的消极作用[39-40]，本书研究发现团队层面控制型负反馈对团队创造力也存在负向影响。

关于控制型负反馈对团队创造力有效性的影响仅仅在陌生任务背景下得到了验证，在熟悉任务背景下却没有发现这一效应，这说明控制型负反馈对团队成员所提出想法的有效性的负面影响在陌生任务背景下更为显著。熟悉任务背景下，即使团队认知由于受到控制型负反馈的影响而提前关闭，但团队成员对类似的任务有认知处理的经历，关于如何有效解决问题拥有经验和常识，因此所提出想法和方案的有效性不会由于控制型负反馈而受到影响。比如说，在我们的实验中，研究一所采用的两个任务均以实验参与者（本科生）所普遍熟悉的大学为背景，特别是用来衡量最终团队创造力的任务二，内容是帮助大一新生适应大学生活，而实验参与者作为大二、大三的学生，对如何适应大学生活已经具有常识和经验。我们在实验后针对部分受试者进行访谈的结果表明，他们在适应大学生活的过程中，针对一些常见问题，比如生活中的不便、学习中的不适应等进行过频繁的集体讨论，已经积累了大量的经验和技巧。在这种熟悉任务情形下，实验中的一次性负反馈无法显著影响他们有效解决问题的能力。因此，在熟悉任务背景下，控制型负反馈对团队创造力的有效性维度影响不显著可以理解。

而在陌生任务背景下的情况迥异，团队成员本来就缺少有效解决任务的经验，接收到控制型负反馈之后，团队认知关闭被提前，团队缺少关于任务的深入思考与对相关信息的有效整合，所提出想法的有效性自然受到挫伤。在我们的实验中，研究二中所采用的两个任务均以为实验参与者（本科生）所陌生的企业为背景，衡量最终团队创造力的任务二的内容是针对保健酒设计营销方案，而实验参与者是大二、大三的非市场营销专业的学生，对这类任务没有任何相关经验。实验后针对部分受试者进行访谈的结果表明，他们对任务感到非常陌生，有受试者反映："不知道从何下手，接收到控制型负反馈之后更是犯了糊涂。"可见，当团队成员对所面临的任务感到陌生时，组织要特别注意不要让他们接收到来自外界的控制型负反馈，因为这样不但会影响团队成员所提出想法的新颖性，还会降低想法的有效性。

2. 信息型负反馈对团队创造力的影响

本书的假设 2 提出了信息型负反馈对团队创造力的新颖性维度和有效性维度都会带来正面影响。在研究一与研究二中，这条假设均得到了验证。信息型负反馈不约束团队的行为表现，旨在为团队提供一些有利于其提升和发展创造性的有用信息，因此在某种程度上，这种提供方式下的负反馈也具有一定的发展性。Zhou 的实证研究发现发展性反馈可以促进员工内部动机和创造性的提高[13]，Joo 等人通过实证研究发现发展性反馈对团队创造力具有促进作用[21]。本书从反馈提供方式的角度出发，发现信息型负反馈对团队创造力有促进作用，研究结论与前人的研究是呼应的。DeShon 等人关于团队反馈对团队绩效的影响研究虽然没有直接针对创造性情境下的团队产出进行，也没有区分反馈效价和反馈类型，但是该研究中的反馈操纵与本研究中的信息型负反馈操纵具有类似之处，团队绩效由团队成员在“雷达跟踪”任务中所做出的团队决策有效性来衡量，因此本研究中信息型负反馈的作用方向与该研究中的反馈作用方向一致也可以理解[15]。

此外，还有一些学者，比如 Zhou、Shalley 等认为，如果负反馈不使它的接收者感知到下降的自由度，而且又为接收者提供了有助于任务完成的信息，那么这种反馈有利于提升接收者所感知的自主性和创造性产出水平。这些学者在个体层面发现信息型负反馈对个体创造力具有促进作用[40,68]，本研究结论则从团队层面证实了这一观点。

3. 不同类型负反馈差异性效应的对比

本书关于假设 1 和假设 2 的验证结果说明，不同提供方式下的负反馈的确对团队创造力存在差异性影响。虽然本书没有直接针对团队创新、团队绩效等传统的团队结果变量进行研究，然而，我们所关注的团队创造力不仅是一种重要的、特殊的团队产出，而且与团队创新、团队绩效等常见团队结果变量息息相关。这是由于团队在完成创新和取得绩效之前，都需要提出一定的方案和想法来作为实现创新和绩效的前提和基础。以往团队层面负反馈研究没有区分不同反馈提供方式，关于负反馈效应的研究结论并不一致，Avery、Peterson、Behfar 和 Barr、Conlon 等学者发现负反馈对团队产出的影响方向为负[115-116,120]，Mesch 等和 Lant、Hurley 则发现负反馈对团队产出的影响方向为正[26-27]。本书将负反馈区分为控制型负反馈和信息型负反馈，发现控制型负反馈对团队创造力的新颖性维度产生负向影响，仅在陌生任务背景下对团队创造力的有效性产生负向影响；而信息型负反馈对团队创造力的新颖性和有效性维度均产生正向影响，这提示负反馈效应研究领域学者们应区分反馈提供方式来研究不同类型负反馈的差异性效应。

在研究思路方面，本书没有采用与目标控制相关的理论，比如控制论、目标设置理论等解释负反馈效应，而是基于激发型信息处理视角，通过分析不同类型负反馈在团队创造过程中所造成的认知关闭提前与延迟，来提出它们对团队创造力的差异性效应。所提出假设的证实说明不同类型负反馈的确在团队认知活动中产生差异性效应，启示团队层面反馈效应研究学者不要一味关注团队基于目标控制所做出的努力增减和产出改变，还要重视反馈提供方式、反馈效价对团队认知所造成的影响。

同时，有关控制型负反馈对团队创造力有效性的影响在熟悉任务背景下和陌生任务背景下得到的验证情况不同，这提示学者们应在不同任务背景下考察负反馈效应。另外，已有部分关于团队创造力的研究，有的倾向于单一地考察团队所提出想法的新颖性[178]，有的不区分新颖性和有效性，对团队创造力进行统一测量[74,179]，本书在团队创造力两个维度上的差异性研究结论说明负反馈对团队创造力两个维度产生的影响并不完全一致，这也为在团队创造力研究中区分新颖性和有效性的影响因素提供了新的理论证据。

二、不同团队意愿在负反馈与团队创造力之间的中介效应

1. 团队创造性效能的中介效应

为了检验团队创造性效能在控制型负反馈与团队创造力两个维度之间的中介效应，本书的假设3提出了控制型负反馈对团队创造性效能会带来负面影响，该假设在研究一与研究二中均得到了验证；假设5提出了团队创造性效能对团队创造力的新颖性维度和有效性维度产生正向影响，该假设在研究一与研究二中均得到了验证；假设6提出了团队创造性效能是控制型负反馈与团队创造力两个维度之间的中介变量，其中团队创造性效能在控制型负反馈与新颖性维度之间的中介效应在研究一与研究二中均得到了证明，但是团队创造性效能在控制型负反馈与有效性维度之间的中介效应仅仅在研究二中，也就是在陌生任务背景下的研究中得到了证明，在研究一中，也就是在熟悉任务背景下的研究中没有得到验证。

控制型负反馈对团队创造性效能负向影响的假设的检验结果表明，负反馈作为一种负面外部环境影响，当其以控制性、约束性的方式提供时，才会降低其施加团队对自身效能的评价。前人关于负反馈对团队效能的影响存在一定争议，比如，Varca 和 Levy 认为团队层面负反馈引起团队效能下降[112]；而 Quigley 则认为关键时点反馈可以通过促进领导自我效能和变革性领导来提升团队效能[124]；DeShon等人则认为团队反馈，不分正负，均能够提升团队效能[15]。这些研究均没有区分反馈提供方式，有的甚至没有区分反馈效价，因此得出了不一致的结论。还有一些关于负反馈与团队意愿之间关系的研究不关注团队效能，认为负反馈仅仅会增强团队对任务的承诺[27]。本书的研究结论表明，负反馈对团队创造性效能的削弱存在一定的条件限制，当负反馈具有操纵性、控制性特征时，团队创造性效能才会降低。这提示学者们不能在没有区分反馈效价、反馈类型的前提下，笼统地提出负反馈影响团队效能或者任务承诺，以及团队反馈对团队效能造成正面或者负面影响的研究假设。

隋杨等人提出，具有较高集体效能感的团队，在困难的任务情景中会投入更多的认知努力，决策有效性更强[154]。本书关于团队创造性效能对团队创造力的新

颖性维度和有效性维度产生正向影响的研究结果与隋杨等人的研究结论是一致的。团队创造性想法的产生过程中，往往面临多种困境和障碍。这种情况下，团队内部所共享的对于团队创造性效能的评估就决定了团队成员能够付出多少努力，坚持多长时间，在创造性活动中体现出多大的自如性，也就决定了最终想法的新颖程度和有效程度。

有关团队创造性效能对控制型负反馈与团队创造力的新颖性维度之间的中介效应的证实，说明对于控制型负反馈与团队创造力的新颖性维度的关系来说，Bandura所持的基于效能的调控观点[83]，以及DeShon等人提出的团队调控范式对效能的关注都是合理的[15]。正是由于控制型负反馈降低了团队对于自身创造性解决问题能力的判断，才使得整个团队在提出想法的过程中变得机械保守，既不愿意付出过多努力，也不愿意跳出既定的框架进行创造性集体认知，团队所提出想法的新颖性自然会下降。

团队创造性效能在控制型负反馈与团队创造力的有效性维度之间的中介效应在研究一中，也就是熟悉任务背景下未得到证明。在熟悉任务背景下，关于控制型负反馈对团队创造性效能的负向影响的研究假设，以及团队创造性效能对团队创造力的有效性维度的正向影响的研究假设均得到了支持，但是由于控制型负反馈对团队创造力的有效性维度的影响不显著，所以团队创造性效能在控制型负反馈与团队创造力的有效性维度之间的中介效应未得到验证。在研究二中，即在陌生任务背景下，这一中介效应得到了验证。面对陌生任务背景，团队缺乏解决问题的经验和常识，这就要求团队能够将已有知识和经验自如地分解并重组，才能使其在陌生领域中得到应用。可见，在陌生任务背景下，与努力程度相比，团队认知的灵活性和自如性对团队所提出想法的有效性起到了更重要的作用[130]。接收到控制型负反馈使团队感到自身创造性解决问题能力不强，注意力停留在团队的缺陷和不足方面，把潜在的困难看得比实际要可怕得多，团队认知的自如性和灵活性下降，团队所提出想法的有效性随之降低。

2. 任务承诺的中介效应

为了检验任务承诺在信息型负反馈与团队创造力之间的中介效应，本书的假设4提出了信息型负反馈对任务承诺会带来正向影响，该假设在研究一与研究二中均得到了验证；假设7提出了任务承诺对团队创造力的新颖性维度和有效性维度产生正向影响，该假设在研究一与研究二中均得到了验证；假设8提出了任务承诺是信息型负反馈与团队创造力两个维度之间的中介变量，该假设在研究一与研究二中也都得到了证明。

信息型负反馈对任务承诺的正向影响与Lant、Hurley关于负反馈增强团队承诺的研究结论一致[27]。本书进一步指出，只有伴随着指导性信息、为团队提供足够自主性的负反馈才能使团队将反馈效价为负的原因归结于任务完成过程中的纰漏，进一步提升团队对任务的关注和承诺。这一研究结果与本研究中关于控制型负反馈降低团队创造性效能的研究结果联合在一起，就说明团队针对不同提供方式的负反馈会进行不同归因，然后又产生不同方面的意愿变化，从而有助于解决已有文献关于"负反馈到底会降低团队效能还是会增强任务承诺"的争论[15,27,112]。

假设 7 的验证结果表明，随着任务承诺的增强，团队创造力得到改善。De-Dreu认为，对任务高度投入的团队很少受不正确推理和决策错误的影响，能够提出新颖、有效的问题解决方案[155]，Bechtoldt 等人的研究表明对任务本身的关注和投入能够增强团队创造力[60]，本书的研究结果与 De-Dreu 以及 Bechtoldt 等人的观点一致。但本书研究结论同时说明了，高程度任务承诺需要信息型负反馈的激发，才能够增强团队成员对任务过程及其相关成果的敏感度和兴趣，打破那些功能不良的日常惯例，发现与内外部环境变化相关的新信息，以及伴随着这些信息所存在的潜在价值，从而在创造过程中产生新的突破[138-139]。相对于 De-Dreu 等对团队创造中的过程责任感等认知激发因素的关注，本书研究结果表明，信息型负反馈作为外部负面影响，也可以作为认知激发因素，促进团队关注与任务本身相关的细节、过程、途径和方法，从而促进团队创造中的认知处理深度，正向作用于团队创造力。

假设 8 关于任务承诺在信息型负反馈与团队创造力两个维度之间的中介作用的假设的验证结果，说明本书所提出的聚焦于"任务"的团队意愿能够很好地解释现实生活中某些反馈对团队创造力产生积极作用的现象。前人关于团队应对负反馈的调控机理强调团队效能在传导负反馈效应方面的作用[15]，按照这种思路，很容易得出负反馈促使团队效能降低，进一步降低目标设置和团队努力，从而使团队产出受到负向间接影响的结论。这种思路能够解释控制型负反馈对团队创造力的负向影响，却无法解释信息型负反馈的积极作用。本书基于归因理论指出，接收到信息型负反馈后，团队并不将反馈效价为负的原因归结于效能，而是认为问题来源于团队任务完成过程中的纰漏，团队对任务的承诺增强，团队在任务中的投入和努力状况都得到改善，团队创造力才会提升，相关假设在两种任务背景下均得到了验证。但在将本书研究结论推广于信息型负反馈与其他团队结果变量时，需要慎重。团队成员可以在团队创造过程中通过专注和承诺于任务本身得到乐趣，但是在一些机械、枯燥、重复的团队任务中，信息型负反馈难以激发团队成员的任务承诺，因此，不一定会观测到类似于本研究中的任务承诺在信息型负反馈与团队创造力关系之间的中介效应，后续研究可以采用非创造性的任务，针对任务承诺在信息型负反馈与其他团队结果变量之间的中介作用进行研究，来考察本书结果是否可以推广至其他任务情境和其他结果变量。

三、合作目标相依性的受中介的调节效应

1. 合作目标相依性对控制型负反馈与团队创造力关系的受中介的调节效应

为了检验合作目标相依性在控制型负反馈影响团队创造力的调控机理中的作用，本书的假设 9 提出，合作目标相依性会减弱控制型负反馈对团队创造力两个维度的负向影响，其中合作目标相依性在控制型负反馈与新颖性维度之间的调节效应在研究一与研究二中均得到了验证，在控制型负反馈与有效性维度之间的调节效应仅在研究二中得到了验证。

在研究一中，合作目标相依性对控制型负反馈与有效性维度之间的调节作用的假设没有得到验证的原因在于：研究一使用熟悉任务背景，控制型负反馈对有效性维度的负向作用不显著，在研究二中，我们使用陌生任务背景对该假设进行检验，结果发现合作目标相依性对控制型负反馈与团队创造力两个维度之间关系均起到调节作用。可见，尽管控制型负反馈对团队创造力有负向影响，但是当团队成员之间目标比较一致时，这种负向影响会减弱。为了探讨这种负向影响为什么会被合作目标相依性削弱，本书的假设 10 进一步提出，团队创造性效能中介了合作目标相依性对控制型负反馈与团队创造力两个维度之间关系的调节效应，其中团队创造性效能对合作目标相依性在控制型负反馈与新颖性维度之间关系的调节效应的中介作用在研究一与研究二中均得到了验证，且 Bandura 认为，在受到共同利益激发的情形下，集体效能对于外部威胁的抵御能力就会增强[84]，这说明相互依赖的合作目标增强了团队抵御控制型负反馈的能力，遭遇到控制型负反馈之后，他们的团队创造性效能不会受到严重挫伤，控制型负反馈对团队所提出想法的新颖程度的负面影响也会减弱。

在研究一中，团队创造性效能对控制型负反馈与团队创造力有效性维度之间关系的调节效应的中介作用没有得到验证，我们设想这种结果是由于控制型负反馈对有效性维度的主效应不显著所导致的。然而，在研究二中，尽管控制型负反馈对有效性维度产生显著影响，团队创造性效能的中介作用仍然没有得到支持。可能的原因在于，团队所提出想法的有效性的满足不同于新颖性的满足，新颖性需要更发散、更灵活的思维，而有效性则需要一定的整合性思维，需要团队成员之间合作、团结，在一定的心理安全感下共同针对已经掌握的素材、细节进行整合，深入、细致地剖析问题，才能有效解决问题。高团队创造性效能所提供的自如性对新颖性非常重要，合作目标相依性也能减弱控制型负反馈对团队创造性效能的削弱，但是，提出有效的解决方案并不一定需要高效能。某些情形下，对团队创造性解决问题的过高判断反而会使团队成员忽视一些不容易发现的问题和细节，降低问题解决的有效程度。因此，我们在研究一与研究二中均没有发现团队创造性效能对控

制型负反馈与有效性维度之间关系的调节效应的中介作用。考虑到团队需要在一定的心理安全感下进行合作、辩论，控制型负反馈有可能削弱团队的心理安全感，而 Wang 等人、Chen 等人均发现合作目标相依性可以为团队成员提供一定程度上的心理安全感(psychological safety)[160-161]，因此我们设想，在团队中，还存在一些无法被归因的情绪、心理方面的因素，比如心理安全感等，中介了合作目标相依性在控制型负反馈与有效性维度之间关系的调节效应，当然，这些设想需要后续研究加以验证。

2. 合作目标相依性对信息型负反馈与团队创造力关系的受中介的调节效应

为了检验合作目标相依性在信息型负反馈影响团队创造力的调控机理中的作用，假设 11 提出了合作目标相依性会增强信息型负反馈对团队创造力两个维度的正向影响，其中合作目标相依性对信息型负反馈与有效性维度之间关系的调节效应在研究一与研究二中均得到了验证，对信息型负反馈与新颖性维度之间关系的调节效应仅在研究一中得到了验证。

合作目标相依性对信息型负反馈与团队创造力之间关系的增强，说明当团队创造中存在认知激发因素(信息型负反馈)和社会激发因素(合作目标相依性)时，团队创造力会得到大幅提升。De-Dreu 研究了合作结果相依性、团队反思与团队信息共享、团队学习及团队绩效的关系，发现团队反思和合作结果相依性的交互可以产生高程度信息共享、团队学习和高团队绩效[155]。本书的研究结果再次证明在认知激发因素和社会激发因素并存的情形下，团队产出能够得到显著改善。

合作目标相依性对信息型负反馈与新颖性维度之间的调节作用在研究二的陌生任务背景下没有得到验证，可能的原因在于团队合作提出想法的新颖性主要取决于团队内新知识、新信息的数量，也就是信息处理的宽度。合作目标相依性在团队创造中的作用主要是促进成员共享信息，为认知处理活动提供信息、知识等原始处理材料。耿紫珍等人提出合作目标相依性作为社会激励因素通过促进知识共享，从而为团队创造提供知识基础[96]。然而，在陌生任务背景下，每个团队成员都非常缺乏解决任务的经验和技能，这种情形下，即使他们在合作目标的激励下，能够实现良好共享，但也无法为陌生任务的解决提供太多信息。接收到信息型负反馈之后，团队成员虽然也获取到一部分可用于创造的外部信息，但是团队内部的信息基础却无法由于成员之间存在相互依赖的合作目标而得到拓展[75]。于是，在陌生任务背景下，合作目标相依性没有增强信息型负反馈对新颖性维度的正向影响。高度合作目标相依性下，面对陌生的任务，团队成员作为“门外汉”，所拥有的关于其他熟悉领域的经验和常识如果得到充分共享，再经过分解和重组之后被应用到想法或方案当中，这对陌生问题的有效解决具有一定的帮助。因此，尽管在陌生任务背景下团队缺乏解决问题的经验，团队成员之间的合作目标相依性仍然可以增强信息型负反馈对有效性维度的促进作用。

本书的假设 12 提出，任务承诺中介了合作目标相依性对信息型负反馈与团队创造力两个维度之间关系的调节效应，其中任务承诺对合作目标相依性与新颖性维度之间关系的调节效应的中介作用在研究一中得到了验证。可见，当团队成员对任务比较熟悉时，一致性的目标才使得信息型负反馈对团队的任务承诺的促进作用更强烈，团队成员能更好地辨认任务中可能存在的问题，对与任务相联系的内外部环境进行深入思考，得出不一样的结论，所提出的想法和方案更具有新颖性，从而提升团队所提出想法的新颖性。Staw 提出，当团队成员对团队中的产出负责时，他们对任务的承诺会增强，产出也会得到改善。本书的研究结果与 Staw 的观点一致[163]，区别在于本书的研究从任务承诺的角度解释了合作目标相依性的调节效应，而不是它的主效应。

但是，在研究二的陌生任务背景下，任务承诺对合作目标相依性在信息型负反馈与新颖性维度之间关系的调节效应的中介作用未得到验证，这可能是合作目标相依性在二者之间关系中的调节作用不显著所导致的。同时，任务承诺对合作目标相依性在信息型负反馈与有效性维度之间关系中的调节效应的中介作用也没有被发现，究其原因，一方面，可能是存在其他变量传导了合作目标相依性的调节效应；另一方面，本书的研究数据量相对于团队层面研究来说已经足够，但是相对于其他组织行为研究中所使用的数据量还是偏少。尤其是在检验“受中介的调节效应”这样复杂效应的时候，可能会由于数据量的影响而使得某些本来应该显著的关系在假设检验结果中不显著。后续研究应该考虑加大样本量，针对该效应重新进行检验。

Tjosvold 等人的研究主要强调合作目标相依性作为自变量通过影响团队交互(team interaction)对团队产出所产生的促进作用，即关注它作为团队自身目标结构特征对团队过程和产出的影响[55,133,165]。本书的研究结果则说明，合作目标相依性作为团队自身特性会改变外部因素作用于团队创造力的影响强度，提示学者们关注合作目标相依性作为调节变量在外部因素施加于团队结果变量的影响中的作用。另外，已有负反馈研究尽管也关注反馈情境变量、反馈接收对象特性对反馈效应的调节作用，但是很少有研究去探讨这些调节效应是如何发生的，即关于调节效应的中介变量进行探寻。本书的研究结论不但将合作目标相依性纳入团队层面反馈研究中来，还通过对团队意愿的中介作用的探讨解释了合作目标相依性的调节效应，更加全面地揭示了不同类型负反馈影响不同特性的团队创造力的调控机理。

第二节 研究结果的理论意义

本书结合团队创造的激发型信息处理视角、团队应对负反馈的调控范式、归因理论以及社会相依性理论，建立了控制型/信息型负反馈通过影响不同团队意愿影响不同目标结构的团队创造力的理论模型，提出了控制型/信息型负反馈、合作目标相依性、团队创造性效能/任务承诺与团队创造力之间的影响模型，考察了不同类型负反馈影响团队创造力的调控机理，并运用实验研究收集的数据验证了所提出的假设，研究结论在理论上有一定的启示意义，在以下四个方面对以往文献做出了贡献。

第一，揭示了不同提供方式下的负反馈在团队创造活动中的效应，明确了不同类型负反馈对团队创造力的差异性影响。

已有团队层面负反馈研究通过团队对目标差异的感知和反应来解释负反馈对团队绩效等传统结果变量的影响，这样不用考虑反馈提供方式的作用，因为只要反馈效价确定，团队所感知到的反馈与目标的差异就已经被确定。但团队创造力的产生过程涉及大量认知活动，这些认知活动的深度和体系化程度无法被目标达成这一诱因所激发[130]，因此已有负反馈研究所惯用的理论无法被运用来分析负反馈对团队创造力的影响。本书借用团队创造的激发型信息处理视角，通过区分控制型负反馈与信息型负反馈在团队创造中引发的认知关闭提前与延迟，来考察不同类型负反馈与团队创造力之间的关系并提出控制型负反馈对团队创造力存在负向影响，信息型负反馈对团队创造力存在正向影响的观点。研究假设的证实将团队层面负反馈效应研究的结果变量扩展到了团队创造力，而且从团队认知角度揭示了不同提供方式的负反馈在团队创造活动中的差异性效应。这启示团队层面反馈研究重视不同提供方式下的负反馈对团队认知活动的影响，从而考察反馈对那些需要更深层次认知处理才能产生的团队结果变量，如团队创造力、团队决策、团队谈判、团队创新等的影响。

对于团队创造力研究来说，现有研究倾向于关注团队过程等行为因素对团队创造力的影响，从内部激发的视角去研究团队创造力，而团队创造是一个开放的集体认知过程，因此学者们呼吁从团队认知的角度研究团队创造力，并且关注外部影响对团队创造力的作用[13-14]。本书响应这一呼吁，通过分析外部不同类型负反馈在团队创造中引发的团队认知关闭提前与延迟来考察负反馈对团队创造力的影响，不同类型负反馈的差异性效应的发现启示创造力研究者从团队认知的角度探索团队创造力的外部提升机理。

第二，发现了不同类型负反馈对不同团队意愿的影响，在统一的理论框架下研究了不同类型负反馈所引发的不同归因，以及不同聚焦点的团队意愿变化，有助于解决目前有关负反馈对团队意愿影响方向的争论。

虽然前人关于反馈所引发的团队效能、任务承诺等团队意愿的变化进行了一些研究，但是，一方面，前人研究结论并不统一，这是由于前人研究没有区分不同提供方式下的反馈，有些研究甚至不区分反馈效价所造成的差异性影响，比如关于反馈对团队效能的影响方向就有正向影响和负向影响两种结论[15,112,124]，就是由于没有区分反馈效价所造成的；另一方面，现有研究体系比较杂乱，没有使用统一的理论框架针对特定类型负反馈影响何种团队意愿，影响方向如何的讨论。

本研究基于归因理论对团队接收到负反馈之后的归因和判断进行分析，发现在控制型负反馈下，团队会将负面反馈效价归因于自身效能的不足，因此会降低对团队创造性效能的评价；在信息型负反馈下，团队则将负面反馈效价归因于对任务的忽视，因此会提升对任务的重视和承诺。这启示研究者们在研究负反馈与团队意愿的关系时，应区分不同类型负反馈对团队意愿的差异性影响。另外，归因理论在个体层面反馈研究中得到了很好的应用，然而，团队层面反馈研究却往往忽视为团队内部所共享的对于反馈来源的归因。本书研究结果启示学者们应参考情境因素、团队特性来考察团队对外部反馈的归因所引发的意愿变化。

第三，发现了合作目标相依性在不同类型负反馈与团队创造力关系中的调节效应，确认了合作目标相依性作为团队本质特性在团队层面负反馈效应中的重要作用。

现有团队层面负反馈效应研究倾向于将个体层面反馈效应模型“映射”到团队层面，或者采取解释个体层面反馈效应的理论与思路解释团队层面反馈效应，忽视了团队本质特性对负反馈效应的影响。DeShon 等人虽然注意到团队成员同时拥有个体目标和团队目标这一事实，但他们通过同时提供个体层面反馈和团队层面反馈来考察双重目标对反馈效应带来的影响，混淆了目标相依性和反馈相依性的作用，无法准确反映团队成员个体目标之间、团队成员个体目标和团队共同目标之间相互依赖的程度对负反馈效应所造成的影响[15]。

本研究结合激发型信息处理视角和社会相依性理论，提出了合作目标相依性对负反馈与团队创造力之间关系的调节效应。研究结果表明，合作目标相依性会减弱控制型负反馈对团队创造力的负向影响，会增强信息型负反馈对团队创造力的正向影响。这一研究结果启示团队层面反馈研究在借鉴个体层面反馈研究思路的同时，也要关注团队自身特性，特别是目标相依性对反馈效应所带来的影响，这样才能揭示团队层面反馈作用所特有的规律。

第四，发现了两种不同聚焦点的团队意愿——团队创造性效能以及任务承诺在不同类型负反馈与团队创造力之间的中介效应，以及它们分别对合作目标相依性调节作用的中介效应，揭示了不同类型负反馈通过不同团队意愿差异性作用于不同特性的团队的创造力的调控机理。

现有研究主要基于聚焦于“效能”的团队意愿调整来解释负反馈的效应，忽视了创造性情境下团队基于“任务”的意愿对负反馈效应的传导，同时，也缺乏对团队特性在负反馈效应中的调节作用的解释。本研究发展出创造性情境下团队聚焦于“效能”的意愿——团队创造性效能，并将聚焦于“任务”的团队意愿——任务承诺纳入团队应对负反馈的调控模型，强调它对信息型负反馈效应的传导，基于团队调控范式和归因理论，分析了团队创造性效能和任务承诺对不同类型负反馈主效应的传导，并结合社会相依性理论分析了两种团队意愿对合作目标相依性调节效应的传导。本书提出，团队创造性效能中介了控制型负反馈对团队创造力的影响，以及合作目标相依性在控制型负反馈与团队创造力之间的调节效应；任务承诺中介了信息型负反馈对团队创造力的影响，以及合作目标相依性在信息型负反馈与团队创造力之间的调节效应。研究假设的基本证实说明团队基于“任务”的意愿在传导信息型负反馈对团队创造力的影响过程中起到重要作用，启示学者们在研究负反馈所引发的团队调控机理时，关注团队倾注于任务本身的承诺、兴趣等意愿对特定负反馈效应的传导；同时，不同聚焦点的团队意愿还可以解释合作目标相依性的调节作用，是传递团队自身特质对负反馈效应的调节作用的重要环节；最后，社会相依性理论和团队调控范式、归因理论的有效整合启示研究者在分析团队层面负反馈效应时，应结合多种理论考察团队自身特性、团队针对外界影响的归因等对团队调控机理的影响。

第三节　研究结果的实践意义

反馈是组织中的重要管理手段之一。管理者期望通过向组织中的团队提供负反馈，促使团队意愿向积极的方向调整，从而提升团队所提出的想法以及方案的创造性；当团队接收到组织外部顾客、专家等提供的负反馈时，组织也希望采取管理手段减弱组织外部负反馈对团队创造力的消极影响，增强其对团队创造力的积极影响。

然而，负反馈对团队意愿及创造力所产生效应的不稳定性使得这一管理手段的潜在价值不能有效发挥。一些提供方式下的负反馈可能提升团队对任务的关注和承诺，增强团队在创造性活动中的投入，从而促使团队提出更加新颖、有效的方案；另一些提供方式下的负反馈却可能瓦解团队参与创造性活动的自信和效能，从而导致团队创造力下降；在不同目标结构的团队中，不同类型负反馈对团队创造力的影响强度也具有差异。因而，在管理实践中，如何选择适合的负反馈提供方式，如何调整团队的目标结构，才能最大限度地发挥负反馈对团队创造力的积极效应，提升团队对创造性任务的兴趣和承诺，以及团队所产生想法的创造性，并最小化某些来自组织外部的负反馈对团队创造性效能、团队创造力的伤害，便成为组织管理者所面临的重要挑战。针对以上现实问题，组织研究者必须全面、清晰地理解不同类型负反馈作用于团队创造力的调控机理。本书的研究结论对解决以上问题提供了启发，为了在现实中通过负反馈来有效调控团队创造力，组织管理者可以采取以下措施。

第一，如果团队所提出想法的创造性对组织非常重要，组织应该向团队提供信息型负反馈，告知团队在任务中的不足与缺陷，提示团队应该从哪些方面进行弥补和改善，以及表达对团队自主性创造的允许和支持。同时，避免向团队提供控制型负反馈，避免传达有关约束团队行为表现、对其强行设置标准的信息。

具体的，本研究发现控制型负反馈对团队创造力的新颖性维度产生负向影响，对团队创造力的有效性维度仅在陌生任务背景下产生负向影响；控制型负反馈还对团队创造性效能产生负向影响。这一研究结果提示企业管理者，首先，当方案的创造性对企业非常重要的时候，切勿对团队所提出的初步想法和方案进行生硬的、不加解释的否定和批判，特别是在团队面临陌生任务背景的情况下，向团队提供控制型负反馈不仅使其无法提出新颖的解决方案，连想法和方案的有效性都会受到这种负反馈的抑制；其次，不要通过负反馈设置太多标准、框架来约束团队的表现，预先设置的标准可能有助于团队使用常规手段解决问题，但是新颖想法的提出则需要框架外的思考，需要给不同的观点、意见或价值观提供更大的自主性；最后，组织管理者还要注意不要向团队提供可能会伤害其创造性效能的负反馈，比如提供“你们都是外行”这样的负反馈只会使团队失去创造性解决问题的自信，从而给团队创造带来灾难。

本书的研究结果表明，信息型负反馈对团队创造力的两个维度均产生正向影响，还对团队的任务承诺产生正向影响。这启示组织管理者可以通过信息型负反馈来提升团队对任务本身的兴趣、承诺与投入，从而提升团队所提出想法的新颖性和有效性。组织管理者在向团队提供负反馈之前，应该积极收集有关团队过往表现的线索和具体事例，在提供负反馈的过程中，向团队具体描述他们所提出方案的缺点体现在哪些方面，同时又有哪些优点是值得认可的，补充一些与团队任务相关的具体有效的信息，向团队提供有助于提升想法和方案质量的可行的建议。另外，组织管理者应表达出对团队自主性创造的支持，引导团队对相关问题进行更深入的思考，督促团队以更大热情和承诺感投入到任务完成过程中，从而对想法和方案做出更进一步的完善。

第二，采取措施提升团队对自身创造性解决问题能力的信心，促进团队创造性效能，同时，引导团队专注于与任务本身相关的细节、过程、方法和途径，增强团队对任务的兴趣和承诺。

本书的研究结果表明，团队创造性效能对团队创造力两个维度均产生负向影响，而任务承诺对团队创造力两个维度均产生正向影响。该研究结果说明组织管理者可以通过相关措施增强团队创造性效能和任务承诺，以此来提升团队创造力。前人研究表明，创新氛围的培养有助于提升团队创造性效能[154]，同时，团队内部各种知识资源，比如专业性知识、技术性知识、应用性知识也能够促进团队创造性效能的提升[180]。根据这些研究结论，组织管理者应该在团队中营造重视创新、敢于创新的氛围，同时鼓励团队成员学习、吸收和共享各种专业性、技术性和应用性的知识，以此来提升团队的创造性效能，提升团队创造力。对于任务承诺来说，已有研究表明自主性、对过程的责任感都可以促进团队的任务承诺[181]，因此组织要观察团队对任务的投入程度，如果团队过于松懈，过于轻视任务本身的重要性，组织就要设法提升团队对任务过程本身的责任感，比如提醒团队所没有注意到的任务的细节、漏洞和问题，同时给予团队足够的自主性，促使团队保持对任务的热情和兴趣，增强团队的任务承诺，使得团队能够提出更加新颖、有效的想法。

本书的研究结果还发现，团队创造性效能中介了控制型负反馈对团队创造力新颖性维度的负向影响，仅在陌生任务背景下中介了控制型负反馈对团队创造力有效性维度的负向影响；任务承诺中介了信息型负反馈对团队创造力两个维度的正向影响。当团队遭遇到来自顾客、行业专家等外部观测者所提供的控制型负反馈时，团队创造性效能对负反馈效应的传导启示组织管理者应通过监控团队创造性效能的变化，来预测这一负反馈是否将对团队创造力产生负向影响。如果团队接收到控制型负反馈之后开始出现诸如“我们团队根本无法提出新想法”“我们这个团队就是一团糟”的抱怨，组织管理者就应该防范团队创造力的下降，因为控制型负反馈已经使得团队成员怀疑自己团队创造性解决问题的能力了。这种情况下，组织管理者就要采取措施提升团队创造性效能，以防组织外部的控制型负反馈通过降低团队创造性效能而对团队创造力产生妨害性效应。任务承诺对信息型负反馈正向效应的传导启示组织管理者应通过监控任务承诺的变化来预测信息型负反馈对团队创造力的正向影响。如果团队接收到信息型负反馈后开始对任务表现出十足的热情和兴趣，这可以被认为是团队创造性解决问题能力提升的前兆。

第三，通过以下方式提升团队的合作目标相依性：在组建团队的时候，选择那些个体目标和团队共同目标比较一致的成员来构建团队；对于已经组建的团队，捕捉成员个体目标和团队共同目标之间的相容性，并向成员强调这种相容性；如果观察到个别团队成员的个体目标与其他成员目标、与团队共同目标都严重相斥，说服其调整个体目标，甚至可以考虑将这种团队成员从团队中剔除。

本书的研究结果表明，合作目标相依性可以减弱控制型负反馈对团队创造力两个维度的负向影响，其中，合作目标相依性对控制型负反馈与新颖性维度之间关系的调节效应受到团队创造性效能的传导；合作目标相依性还可以增强信息型负反馈对团队创造力有效性的正向影响，并且在熟悉任务背景下通过增强团队的任务承诺增强信息型负反馈对团队创造力新颖性的正向影响。可见，对于合作目标相依性程度比较高的团队来说，当遭遇到外界控制性的打击或批评时，团体内成员之间互相支持、鼓励，团队创造性效能相对较难受到损害，团队创造力受到的损伤比较小，接收到信息型的负反馈后，整个团队中的成员也更容易将注意力投入于任务本身，群策群力，共渡难关，因此，团队创造力的提升幅度会增大。

因此，组织应该采取措施提升团队的合作目标相依性。首先，在组建团队的时候考虑团队的目标构成，避免抽调个体目标与团队目标冲突较大的人员参加团队，尽量使团队共同目标和成员个体目标能够相容，避免成立后造成团队内部一些成员苦干、一些成员旁观、一些成员“搭便车”，甚至还有一些成员搞破坏的消极局面；其次，团队组建之后，要向团队成员强调完成共同目标对成员自身职业发展等个体目标达成的帮助，让成员感知到高程度的合作目标相依性，同时促进团队内部的沟通交流，成员之间社交活动的广泛开展也能促进有关合作目标的共识的达成[160]；最后，关注团队内部目标相互依赖的程度，如果发现个别团队成员个体目标与团队目标相互排斥，组织管理者可以督促这种团队成员调整其个体目标来适应团队目标，甚至可以考虑将个体目标与团队目标严重相斥的团队成员剔除。此外，组织领导者还要避免向合作目标相依性过低的团队提供控制型负反馈，对于合作目标相依性高的团队，则可以适当地提供信息型负反馈，来放大这种负反馈的积极效应。

第七章

结论及展望

第一节 主要研究结论

本书考察了不同类型负反馈对不同特性团队创造力的影响以及团队意愿对这种影响的传导作用，比较全面地揭示了负反馈影响团队创造力的调控机理。首先，基于激发型信息处理视角考察了两种类型负反馈——控制型负反馈和信息型负反馈对团队创造力的主效应；其次，基于归因理论区分了团队面对不同类型负反馈所进行的归因，并基于不同归因所调整的不同聚焦点的团队意愿——团队创造性效能与任务承诺，结合团队调控范式分析了两种团队意愿分别对不同类型负反馈与团队创造力之间关系的中介作用；最后，结合社会相依性理论分析了合作目标相依性对负反馈与团队创造力关系的调节效应，以及不同团队意愿对这种调节效应的中介作用，比较全面地揭示了负反馈影响团队创造力的调控机理。

为了验证假设，本研究设计了两轮实验，第一轮实验在熟悉任务背景下对负反馈影响团队创造力的调控机理进行检验，第二轮实验在陌生任务背景下对该机理进行检验。通过实验开展、数据收集和模型检验，分析结果表明所提出的假设大部分得到了验证。总体而言，本研究达到了预期的研究目的，发现的一些新结论对已有的团队层面负反馈效应研究有所拓展，同时，研究结论对提升团队创造力的管理实践具有一定的指导意义。本书的主要研究结论如下。

(1)不同类型负反馈对团队创造力具有差异性影响：在熟悉任务背景下，控制型负反馈仅对团队创造力新颖性维度产生负向影响，接收到控制型负反馈的团队所提出想法的新颖性显著低于控制组(未接收到负反馈)的团队所提出想法的新颖性；在陌生任务背景下，控制型负反馈对团队创造力的新颖性维度和有效性维度均产生负向影响，接收到控制型负反馈的团队所提出想法的新颖性和有效性分别显著低于控制组的团队所提出想法的新颖性和有效性；两种任务背景下，信息型负反馈对团队创造力的新颖性维度和有效性维度均产生正向影响，接收到信息型负反馈的团队所提出想法的新颖性和有效性分别显著高于控制组的团队所提出想法的新颖性和有效性。

(2)不同类型负反馈对团队的团队意愿具有差异性影响：控制型负反馈对团队创造性效能产生负向影响，接收到控制型负反馈的团队创造性效能显著低于控制组的团队创造性效能；信息型负反馈对任务承诺产生正向影响，接收到信息型负反馈的团队的任务承诺显著高于控制组的团队的任务承诺。

(3)不同的团队意愿分别中介了不同类型负反馈与团队创造力的关系：在熟悉任务背景下，团队创造性效能中介了控制型负反馈与团队创造力新颖性维度的关系；在陌生任务背景下，团队创造性效能中介了控制型负反馈与团队创造力新颖性维度及有效性维度的关系；两种任务背景下，任务承诺均中介了信息型负反馈与团队创造力新颖性维度及有效性维度的关系。

(4)合作目标相依性调节了不同类型负反馈与团队创造力之间的关系：在熟悉任务背景下，合作目标相依性减弱了控制型负反馈对团队创造力的新颖性维度的负向影响，加强了信息型负反馈对团队创造力的两个维度的正向影响；在陌生任务背景下，合作目标相依性减弱了控制型负反馈对团队创造力两个维度的负向影响，加强了信息型负反馈对团队创造力有效性维度的正向影响。

(5)不同的团队意愿中介了合作目标相依性的调节效应：团队创造性效能中介了合作目标相依性在控制型负反馈与团队创造力的新颖性维度之间的调节效应；任务承诺仅在熟悉任务背景下中介了合作目标相依性在信息型负反馈与团队创造力的新颖性维度之间关系的调节作用。

第二节　本书的创新点

通过对比本研究与前人关于团队层面负反馈效应的研究，对本书所做的创新工作概括如下。

第一，本书发现控制型负反馈对团队创造力的新颖性维度存在负向影响，对团队创造力的有效性维度存在负向影响(仅在陌生任务背景下)；信息型负反馈对团队创造力的新颖性维度和有效性维度均存在正向影响。现有关于负反馈影响团队层面结果变量的研究主要从目标控制的角度单一地分析负反馈所引发的团队绩效、团队有效性等传统结果变量的变化，缺乏对团队创造力的关注；也缺乏对不同反馈提供方式的考虑，没有考察不同提供方式下的负反馈在团队创造活动中所造成的不同认知效应。而团队创造力的产生过程涉及大量认知活动，这些认知活动的深度和体系化程度受目标是否达成的预期的影响较小[130]，因此已有负反馈研究的结论无法被推及于负反馈和团队创造力的关系中。

本书通过分析控制型负反馈与信息型负反馈在团队创造中引发的认知关闭提前与延迟，从团队认知角度揭示了不同提供方式的负反馈对团队创造力的差异性影响。研究结果表明，区分控制型负反馈和信息型负反馈是解释现实生活中负反馈对团队创造力影响的不稳定性的有效途径。

第二，本书发现控制型负反馈对团队创造性效能存在负向影响，信息型负反馈则对任务承诺存在正向影响。已有关于负反馈影响团队意愿的研究未区分不同类型负反馈的差异性作用，这样就无法考虑团队针对不同类型负反馈所做出的不同判断和归因，有些学者认为负反馈会降低团队的效能[112]，有些学者则认为负反馈会增强团队的承诺[27]。可见，关于负反馈影响哪种团队意愿的研究尚存在较大争议。

本研究基于归因理论提出：在控制型负反馈下，团队会将负面反馈效价归因于自身效能的不足，因此会降低对团队创造性效能的评价；在信息型负反馈下，团队则将负面反馈效价归因于对任务的忽视，因此会提升对任务的重视和承诺。研究假设的证实在统一的理论框架下解决了团队针对不同类型负反馈的不同意愿变化问题，启示我们关注团队针对特定类型负反馈的归因，而不要仅仅局限于负反馈影响何种团队意愿的争论。

第三，本书发现团队创造性效能中介了控制型负反馈对团队创造力新颖性维度的负向影响，中介了控制型负反馈对团队创造力有效性维度的影响(仅在陌生任务背景下)；任务承诺则中介了信息型负反馈对团队创造力两个维度的正向影响。现有关于负反馈影响团队结果变量的调控机理研究仅仅关注与效能相关的团队意愿在传递反馈效应中的作用，这可以启示我们做出控制型负反馈降低团队效能，从而负向影响团队创造力的推论，却无法揭示信息型负反馈的积极作用。团队在创造过程中的动机和意愿涉及对任务本身的承诺和兴趣，这种任务承诺易受信息型负反馈影响，也对团队产出产生影响，现有研究却忽视了这种聚焦于“任务”的意愿的作用。

本书将聚焦于任务的团队意愿——任务承诺纳入团队应对负反馈的调控模型，强调它对信息型负反馈效应的传导，结合团队调控范式与归因理论分析了团队创造性效能和任务承诺对不同类型负反馈与团队创造力关系的中介作用。研究结果不仅回答了“不同类型负反馈如何作用于团队创造力”，还启示我们在研究负反馈所引发的团队调控机理时，关注团队倾注于任务本身的承诺、兴趣等意愿对特定负反馈效应的传导。

第四，本书发现合作目标相依性会削弱控制型负反馈对团队创造力新颖性维度的负向影响，这种影响受到团队创造性效能的传导；会削弱控制型负反馈对团队创造力有效性维度的负向影响(仅在陌生任务背景下)；会增强信息型负反馈对团队创造力新颖性维度的正向影响(仅在熟悉任务背景下)，这种影响受到任务承诺的传导；会增强信息型负反馈对团队创造力有效性维度的正向影响。现有团队层面反馈研究忽视了“成员同时持有相互依赖的个体目标和团队目标”这一团队特性对负反馈效应所造成的影响。DeShon 等人虽然注意到这种特性，但他们通过同时向受试者提供个体层面反馈和团队层面反馈来研究这一现象，无法准确反映团队成员之间目标相互依赖程度的作用[15]。

本研究关注合作目标相依性这一重要团队特质在团队层面负反馈效应中的作用，提出并证实了合作目标相依性对负反馈与团队创造力之间关系的受中介的调节效应。研究结果说明负反馈对团队创造力的影响强度随着团队成员目标相互依赖程度的不同而变化，不同团队意愿则是传递合作目标相依性的调节作用的重要环节，这启示我们在研究团队层面负反馈效应时应关注团队自身相依性对负反馈效应、对团队应对负反馈的调控机理的影响。

第三节 研究的局限

尽管本研究达到了预期的研究目标，并且获得了一些重要的研究结论。但是，由于受到一些主客观因素的影响和限制，本研究仍存在一些局限之处，总结和分析这些局限性有利于今后对创造性情境下团队层面的负反馈效应进行更深入的研究。具体而言，这些局限表现在以下几方面。

第一，本书忽略了一些无法被归因的团队意识层面的变量，比如情绪、心理安全感(psychological safety)等对负反馈效应的传导。本研究虽然在理论上翔实地论证了不同类型负反馈影响团队创造力的调控机理，但是本书中所涉及的团队意愿是由于团队对不同提供方式下的负反馈的不同归因而引发的，在现实生活中，负反馈还会导致一些无法被清晰地归因的团队意识层面的反应，比如负面情绪的传递、心理安全感的下降等。某些心理、情绪方面的变量也可能传导了部分负反馈效应，但本研究仅仅选择了可以通过归因理论来解释的最主要的两方面团队意愿——团队创造性效能和任务承诺的中介作用进行研究，忽视了其他认知、心理和情感因素对负反馈效应的传导，这是本书所存在的第一个局限。

第二，本书忽略了由团队之间的交流和互动所引发的社会比较效应(social comparison effect)对负反馈作用机理的影响。在实验研究过程中，为了控制团队之间的互动对受试团队的意愿和创造力所带来的影响，本研究严禁参加实验的团队之间关于反馈内容进行交流。然而，在现实生活中，团队接收到负反馈之后，往往会和其他团队就反馈内容进行沟通，和其他团队所接收到的反馈效价、反馈类型进行对照，然后才做出一定的评价性反应和实质性反应[11]，团队创造力的调控是这些经过社会比较的反应的结果。比如说，如果团队得知其他所有团队都和自己得到了同样的控制型负反馈，团队创造性效能就可能不会下降，团队创造力也不会改变；如果团队得知其他团队和自己得到的信息型负反馈的内容完全雷同，任务承诺和团队创造力的提升可能会大打折扣。本研究却忽略了团队之间的社会比较对团队调控所带来的影响。这一局限性削弱了我们所提出的负反馈影响团队创造力的调控模型对现实生活中创造性情境下负反馈效应的解释力度。

第三，本书采用实验研究进行假设检验的方法本身就具有外部效度不足的局限性。在本书的研究设计方面，尽管采用实验研究的方法可以更好地解释不同类型负反馈通过影响团队意愿影响团队创造力的因果关系，且分别在熟悉任务背景和陌生任务背景下开展的两轮实验研究也较好地模拟了创造性情境下的工作团队，有效地操纵了研究中的自变量和调节变量，能够保证研究具有足够的内部效度。但是，由于参加实验的高校学生被模拟为工作团队，测试他们接收到负反馈之后的意愿和创造力变化，由此所得到的结论可能无法反映现实生活中工作团队的真实情况。因此，本研究还存在外部效度不足的局限性。

第四节　未来研究展望

负反馈作用于团队创造力的调控机理中还存在哪些环节？这种调控机理又受到哪些反馈情境因素的影响？基于本研究的局限性，就这些问题还有许多值得进一步深入探讨的地方。

第一，考察其他团队认知、心理、情绪等意识层面变量对负反馈影响团队创造力的效应的传导。团队接收到负反馈之后，会针对负反馈的来源进行归因，并基于这些归因进行一些意愿方面的调控，这是本书的关注点。然而，负反馈所引起的另外一些无法进行归因的团队认知、情绪、心理等方面的变化，也可能对团队创造力造成重要影响。本研究在熟悉任务背景下和陌生任务背景下均没有发现团队意愿对合作目标相依性在不同类型负反馈与有效性维度之间关系中的调节效应的中介作用，可能就是由于还存在其他心理、情绪等方面的变量，比如心理安全感等，传导了这一部分中介效应。本研究仅仅针对可以归因于“效能”和“任务”的两方面团队意愿的作用进行了研究，后续研究可以考虑将负面情绪、心理安全感等变量纳入负反馈影响团队创造力的调控机理中，考察这些变量是否也传导了负反馈对团队创造力的影响，以更全面地讨论创造性情境下的团队层面负反馈效应。

第二，进一步探讨团队行为在不同类型负反馈影响团队创造力的调控机理中的作用。根据团队调控模型，团队针对各种类型的负反馈进行特定的意愿调整之后，团队行为会随之发生变化，比如说努力程度的增减、策略制定水平的提升或者降低，然后才进一步引发团队产出的改变。Bandura 也认为外部反馈首先引发接收者的评价性反应，这些评价性反应接着引发实质性反应，而产出的改变正是实质性反应的结果[83]。可见，不同类型负反馈在导致不同聚焦点的团队意愿产生变化之后，还需要经过一个团队行为的调整的过程才会将其效应传递给创造性情境下的特殊团队产出——团队创造力。本书仅仅针对团队意愿在负反馈影响团队创造力的调控机理中的作用进行研究，忽视了团队行为的作用。考虑到受负反馈影响而改变后的团队意愿，不管是团队创造性效能还是任务承诺，都需要进一步使团队做出实质性的反应，比如创造性行为参与的增多或减少、团队反思的增强或减弱，才能够影响团队创造力，后续研究可以将团队创造性行为参与、团队反思等团队行为变量纳入负反馈影响团队创造力的调控模型中，深入探讨团队行为在其中的作用。

第三,考察团队之间的社会比较对负反馈作用于团队创造力的调控机理的影响。在实践中,接收到负反馈之后,团队所进行的归因、意愿调整等反应并不是在封闭的“真空”中进行,他们还通过和其他团队的沟通、交流以及对各个团队所接收到的反馈内容的比较来对团队的效能、在任务中的表现做出判断,这是一个社会比较的过程。目前团队层面反馈领域研究中仍然少有研究考虑社会比较对反馈效应所带来的影响,本书由于研究内容的限制,也没有将社会比较的因素考虑在内。然而,负反馈作用于团队创造力的调控机理很可能受到这种社会比较的影响,比如说,感知到的反馈效价差异,也就是团队认为组织提供给各个团队的反馈在正、负两个效价方面的差异可能会影响团队对负反馈来源的归因、团队意愿的变化,以及负反馈对团队创造力所产生的间接作用。后续研究可以将反馈差异纳入研究框架,基于社会比较理论考察反馈在效价、类型等多方面的差异对创造性情境下负反馈效应的影响。

第四,通过在工作团队中进行问卷调研验证假设的方式提升本研究的外部效度。本研究采用实验研究的方法,通过将大学生模拟成工作团队来验证假设,虽然能够有效地考察负反馈通过团队意愿调控影响团队创造力的因果路径,但是,实验研究方法本身的弱点导致本研究具有内部效度高而外部效度低的局限性。在把本书的研究结论推广到现实生活中的时候,由于主体的差异,还需做进一步的研究论证工作。下一步的研究工作需要在问卷设计的基础上针对实际工作团队发放问卷进行调研,来验证本书的结论是否仍然成立,以进一步提升研究的外部效度。

附录

附录1 熟悉任务背景下实验指导书

1. 任务一的详细说明

任务一在实验中的作用是：①鼓励团队成员互动；②作为提供负反馈的基础；③测量每个团队的初始创造力。其具体内容如下。

在各个高校的招生战愈演愈烈的情形下，西安邮电大学管理学院希望能够吸引到更多综合素质比较高的优秀学生来填报本院志愿。假设你们是这所大学管理学院内部负责2019年招生宣传项目的一个工作团队。请团队成员合作，在15分钟之内提出一个招生宣传方案，该方案能够提升管理学院在高考志愿填报学生中的影响力，吸引到更多优秀学生及其家长填报本院志愿。我们主要依据两个方面的标准评估小组的方案质量：①新颖性，即方案的新奇程度；②有效性，即方案的有效程度。

2. 任务二的详细说明

任务二在实验中的作用是：①测量接收到负反馈后的团队意愿；②测量接收到负反馈后的最终团队创造力。其具体内容如下。

据调查，大一新生在脱离高中生活，进入大学这一新环境之后，都需要一个或长或短的适应期，这个适应期主要围绕学生在学习和生活两方面的调整展开。在学习方面，高中阶段，老师的教学、答疑、辅导活动都比较密集，学校也采取严格管理的模式，以帮助学生升学，而进入大学以后，学校、老师主要起引导性的作用，学生在课外主要以自学为主，这需要学生有比较良好的自控能力；在生活方面，大多数高中生被家长照顾得无微不至，而进入大学之后，他们才开始独立生活，在衣食住行等方面自主决策、自我管理。因此，这个适应期非常重要，如果无法良好转换角色，快速适应大学生活，大学生在大学阶段甚至整个人生的成长和发展都会受到严重影响。我们也发现一些令人担忧的现象：有些学生脱离了父母在生活中无微不至的呵护，进入大学后饮食、起居无法自理，甚至衣服都不会洗；有些学生脱离了高中阶段的严格管理模式，进入大学后沉迷于网络游戏无法自拔，荒废了学业。

假设你们是这所大学管理学院中一个负责学生工作的团队，针对该院很多大一新生无法良好适应大学环境的现象，你们希望采取一些措施，来帮助大一新生快速转换角色，适应大学的学习和生活模式。请团队成员合作，先提出一个能够帮助该院大一新生快速适应大学生活模式和学习模式的方案来。我们主要依据两个方面的标准评估各个小组的方案质量：①新颖性，即方案的新奇程度；②有效性，即方案的有效程度。

3. 合作目标相依性的操纵

高合作目标相依性指导语：大家好！欢迎你们参加我们今天晚上的活动。在今天晚上的活动中，你们每个三人小组将合作完成两轮想法产生的任务。你们参加本次试验的最终目标是获得特定分数的课程成绩，我们将根据团队成员共同合作所提出的想法质量来衡量该团队中成员的课程成绩，每个团队内部所有成员获得的课程成绩是一致的。

低合作目标相依性指导语：大家好！欢迎你们参加我们今天晚上的活动。在今天晚上的活动中，你们每个三人小组将合作完成两轮想法产生的任务。你们参加本次试验的最终目标是获得特定分数的课程成绩，但该成绩与你所在的团队成员共同合作所提出的想法质量无关，所有参加实验的同学均获得同样的课程成绩。

4. 对控制型负反馈的操纵

(1)控制型负反馈的特点：

①操纵性——规定接收对象的行为表现必须达到特定标准；

②压力性——向接收对象施压，使他们认为规定必须被执行；

③外部意志的干预——令接收对象感到他们的行为表现受到外部意志的监控和干预。

(2)控制型负反馈所传达的信息：

①说明团队在上一轮任务中所提出的方案没有达到专家预期的标准；

②要求团队在下一轮任务中所产生的方案达到专家所要求的标准；

③在反馈中使用“必须”“务必”“一定”等词语，给团队施加压力；

④告知团队在下一轮任务中，组织者、专家将严格关注其行为和产出，以体现干预性。

(3)控制型负反馈的内容：“第 n 小组方案不够新颖和有效，要求第 n 小组在下轮任务中必须产生符合要求的方案，请注意，我们会监控你们小组在下轮任务中的表现，专家们也会严格考核你们小组所提交的方案。”

5. 对信息型负反馈的操纵

(1)信息型负反馈的特点：

①不强求团队达到一定的标准或结果；

②不向接收对象施加压力；

③提供有关团队任务完成情况，或者有助于改善团队后期任务质量的建议和信息。

(2)信息型负反馈所传达的信息：

①说明团队在上一轮任务中所提出的方案没有达到专家预期的标准；

②提供有关改善任务完成情况的信息；

③表达出团队拥有采用多样化信息和方法提升方案质量的自由。

(3)信息型负反馈的内容:"第 n 小组方案不够新颖和有效,建议第 n 小组成员综合考虑任务背景特征(时间、地域)、实施对象特征(年龄、注意力)等因素,来提升方案的有效性;同时,你们可以考虑采用类比、转换等思维方法(比如参考一些商业宣传及品牌塑造方法),来提升方案的新颖性,希望本次反馈所提供的建议对你们有所帮助,在第二轮任务完成过程中,你们可以自由运用任何元素、任何思路来完成方案。"

6. 实验的具体流程

(1)由实验协助人员安排团队成员就座。

(2)组织群体成员自我介绍,目的是帮助成员熟悉团队成员。

(3)实验组织者开始介绍活动目的,同时进行合作目标相依性操纵(见合作目标相依性指导语)。

(4)实验组织者介绍任务一内容,请所有团队在 15 分钟之内完成并提交关于任务一的解决方案。

(5)任务一完成后,确保各团队成员完成关于受试者基本资料,感知到的任务一有趣程度、熟悉程度的调查问卷。

(6)请所有小组休息 15 分钟,对于需要进行负反馈操纵的小组,实验组织者宣讲道:"我们会请数位专家对所有方案的创造性进行评估,在 15 分钟后会将任务一的完成情况分别反馈给各个小组";对于不需要进行负反馈操纵的小组,实验组织者仅要求他们休息 15 分钟。

(7)四名实验协助者将各个团队的反馈单分发给相应团队,要求每个团队内部成员传看反馈单,但严禁团队之间交流他们所接收到的反馈内容,以此来实现对不同类型负反馈的操纵,告诉他们接下来进入任务二阶段。

(8)请所有实验参与者填写测量团队创造性效能和任务承诺的问卷,以及有关不同类型负反馈和合作目标相依性实验操纵有效性的调查问卷,要求他们根据真实情况填写问卷并提交给实验协助者。

(9)实验组织者带领所有实验参与人员熟悉任务二的内容,要求各个团队完成任务二的想法构思,为了使团队在任务二中充分参与和投入,我们没有限定任务二的时间。

(10)待所有团队将其关于任务二的方案提交之后,请团队填写关于感知到的任务二的有趣程度、熟悉程度的问卷并提交给实验协助者,整个实验结束。

附录 2 陌生任务背景下实验指导书

1. 任务一的详细说明

任务一在实验中的作用与附录 1 中相同,其具体内容如下。

某洗涤用品生产厂内部长期存在这样一种不良现象:部分职工常常利用职务之便,偷窃、夹带产品、半成品出厂。这种现象长年累月存在,给工厂造成了一定损失,而且,厂领导认为对此现象的姑息和容忍会助长职工之中的坏风气。但是,由于产量巨大,工序杂乱,工人众多,这些偷窃行为一般不容易被发现。一些工人会在下班后将肥皂、洗衣粉、洗涤液等偷窃的产品夹带回家,但是,采取在工厂门口设置保安人员,在下班时间检查工人的提包、衣服口袋的措施又引起了工人们的强烈不满,被检查的工人认为厂家无视他们的人格和尊严,因此,这项措施实施不久后就遭到全体工人的抵制而被迫终止。

假设你们是这家工厂的一个临时组建的管理团队,请团队成员合作,在 10 分钟之内提出一个能够防止、制止工厂职工偷窃行为的方案。我们主要依据两个方面的标准评估小组的方案质量:①新颖性,即方案的新奇程度;②有效性,即方案的有效程度。

2. 任务二的详细说明

任务二在实验中的作用与附录 1 中相同,其具体内容如下。

近年来,随着人们生活水平和养生保健意识的提高,传统意义上的白酒已经不能满足人们对于健康的需求。考虑到老年人因年迈体弱,气血容易虚衰;中青年人因工作繁忙,生活压力过大,容易导致亚健康,某酒品生产企业最新研制了一种“醉桃童”牌保健酒,它既吸收了其他传统白酒的优点,同时又有自己独特的亮点,其主要特点是在酿造过程中加入了药材,可以补气、补血、强身、健体。这种“醉桃童”牌保健酒对年龄和性别没有特别严格的限制,主要在酒店、商场、超市等一般商品销售场所销售,其使用对象是健康或亚健康人群。考虑到目前消费者由感性向理性观念转变,不再满足于由广告拉动的包装高档、质量低劣的保健品,而是追求兼具品牌和实效的产品,以及个性化的服务,这为保健酒企业的新产品推广活动带来了一定的困难和挑战。

假设你们是该企业一个临时组建起来的团队,目前主要负责该保健酒的新产品推广方案设计,请团队成员合作,提出一个推广该保健酒的营销方案。我们主要依据两个方面的标准评估各个小组的方案质量:①新颖性,即方案的新奇程度;②有效性,即方案的有效程度。

3. 合作目标相依性的操纵

合作目标相依性的操纵与附录 1 中相同。

4. 对控制型负反馈的操纵

控制型负反馈的特点及所传达的信息与附录 1 中相同。

控制型负反馈的内容："方案不够新颖和有效，要求第 n 小组在下轮任务中必须产生符合要求的方案，请注意，我们会监控你们小组在下轮任务中的表现，专家们也会严格考核你们小组所提交的方案。"

5. 对信息型负反馈的操纵

信息型负反馈的特点及所传达的信息与附录 1 中相同。

信息型负反馈的内容："第 n 小组方案不够新颖和有效，建议第 n 小组成员综合考虑任务目标（工厂职工的自尊需要维护，但偷窃者的行为又必须受到警示和防范）、任务背景特征（偷窃行为容易发生的时间、地点）、实施对象特征（工厂职工任务众多、小道消息容易流通，同时，他们的收入水平不会太高，容易受到奖金激励）等因素，来提升方案的新颖性和有效性，希望本次反馈所提供的建议对你们有所帮助，在第二轮任务完成过程中，你们可以自由运用任何元素、任何思路来完成方案。"

6. 实验的具体流程

（1）由实验协助人员安排团队成员就座。

（2）组织群体成员自我介绍，目的是帮助成员熟悉团队成员。

（3）实验组织者开始介绍活动目的，同时进行合作目标相依性操纵（见合作目标相依性指导语）。

（4）实验组织者介绍任务一内容，请所有团队在 15 分钟之内完成并提交关于任务一的解决方案。

（5）任务一完成后，确保各团队成员完成关于受试者基本资料，感知到的任务一有趣程度、熟悉程度的调查问卷。

（6）请所有小组休息 15 分钟，对于需要进行负反馈操纵的小组，实验组织者宣讲道："我们会请数位专家对所有方案的创造性进行评估，在 15 分钟后会将任务一的完成情况分别反馈给各个小组"；对于不需要进行负反馈操纵的小组，实验组织者仅要求他们休息 15 分钟。

（7）四名实验协助者将各个团队的反馈单分发给相应团队，要求每个团队内部成员传看反馈单，但严禁团队之间交流他们所接收到的反馈内容，以此来实现对不同类型负反馈的操纵，告诉他们接下来进入任务二阶段。

（8）请所有实验参与者填写测量团队创造性效能和任务承诺的问卷，以及有关不同类型负反馈和合作目标相依性实验操纵有效性的调查问卷，要求他们根据真实情况填写问卷并提交给实验协助者。

(9)实验组织者带领所有实验参与人员熟悉任务二的内容,要求各个团队完成任务二的想法构思,为了使团队在任务二中充分参与和投入,我们没有限定任务二的时间。

(10)待所有团队将其关于任务二的方案提交之后,请团队填写关于感知到的任务二的有趣程度、熟悉程度的问卷并提交给实验协助者,整个实验结束。

(11)由研究者向全体成员发放小礼品(这是比附录1中熟悉任务背景下的实验流程多出来的一个步骤,由于礼品是在所有问卷、任务都完成之后才提供,所以对实验本身并不造成影响)。

附录 3 团队意愿调查问卷

请您在填写问卷前，仔细阅读以下注意事项。

1. 请按照问题的顺序回答，不要来回跳答。我们对有些问题中容易引起混淆的地方用**加粗**和下划线来提醒您；

2. 请根据您目前的**实际感受**回答下列所有问题，这些问题的答案并无对错之分，也没有好坏的差别，所以请尽可能**真实地**回答；

3. 请您在问题的备选答案中，找出最符合您真实想法（情况）的回答，并在相应的位置中打"√"；

4. 您在填写问卷的过程中有任何的疑问或感觉不清楚的地方，可以随时向我们提出询问。

您的姓名：________ 您的性别：男____女____ 您的年龄：________

您所在的团队编号：________ 您的班级：________ 您的专业：________

A. 说明：以下是有关您的团队对本团队创造性解决问题能力的判断，请在最能反映您真实感受的□里面打"√"。

描述	完全不符合	非常不符合	基本不符合	不确定	基本符合	非常符合	完全符合
1. 我们对本团队创造性解决问题的能力持有信心							
2. 我们的团队擅长提出新颖、有效的想法							
3. 我们认为本团队在任务二的完成过程能发挥出创造性解决问题的本领							

B. 说明：以下是有关您的团队对有关高质量完成任务二的承诺的描述，请在最能反映您真实感受的□里面打“√”。

描 述	完全不符合	非常不符合	基本不符合	不确定	基本符合	非常符合	完全符合
1. 我们将投入很大精力到任务二的完成过程中去							
2. 我们非常重视本团队在任务二中取得的成绩							
3. 我们将特别关注本团队在完成任务二的过程中的表现							
4. 我们会想方设法将任务二完成得更好							

参考文献

[1] AAGAARD A. Facilitating radical front-end innovation through targeted HRM practices: A case study of pharmaceutical and biotech companies[J]. Journal of Product Innovation Management, 2017, 34(4): 427 - 449.

[2] BAI Y, LIN L, LI P P. How to enable employee creativity in a team context: A cross-level mediating process of transformational leadership[J]. Journal of Business Research, 2016, 69(9): 3240 - 3250.

[3] DE-STOBBELEIR K E M, ASHFORD S J, BUYENS D. Self-regulation of creativity at work: The role of feedback-seeking behavior in creative performance[J]. Academy of Management Journal, 2011, 54(4): 811 - 831.

[4] DONG Y, BARTOL K M, ZHANG Z X, et al. Enhancing employee creativity via individual skill development and team knowledge sharing: Influences of dual-focused transformational leadership [J]. Journal of Organizational Behavior, 2017, 38(3): 439 - 458.

[5] HOEVER I J, ZHOU J, VAN KNIPPENBERG D. Different strokes for different teams: The contingent effects of positive and negative feedback on the creativity of informationally homogeneous and diverse teams[J]. Academy of Management Journal, 2018, 61(6): 2059 - 2081.

[6] HU J, ERDOGAN B, JIANG K, et al. Leader humility and team creativity: The role of team information sharing, psychological safety, and power distance[J]. Journal of Applied Psychology, 2017, 103(3): 134 - 152.

[7] TANG C, YE L. Diversified knowledge, R&D team centrality and radical creativity[J]. Creativity & Innovation Management, 2015, 24(1): 123 - 135.

[8] TANG C, ZHANG G, NAUMANN S E. When do structural holes in employees' networks improve their radical creativity? A moderated mediation model[J]. R&D Management, 2017, 18(31): 213 - 232.

[9] THAYER A L, PETRUZZELLI A, MCCLURG C E. Addressing the paradox of the team innovation process: a review and practical considerations[J]. American Psychologist, 2018, 73(4): 363 - 375.

[10] SCHIPPERS M C, HOMAN A C, KNIPPENBERG D. To reflect or not to reflect: Prior team performance as a boundary condition of the effects of reflexivity on learning and final team performance[J]. Journal of Organizational Behavior, 2012, 28(3): 71 - 114.

[11] RABINOVICH A, MORTON T A. Sizing fish and ponds: The joint effects of individual and group-based feedback[J]. Journal of Experimental Social Psychology, 2012, 48(1): 244 - 249.

[12] BANNISTER B D,BALKIN D B. Performance evaluation and compensation feedback messages:An integrated model[J]. Journal of Occupational Psychology,2011,63(2):97 - 111.

[13] ZHOU J. When the presence of creative coworkers is related to creativity: Role of supervisor close monitoring, developmental feedback, and creative personality[J]. Journal of Applied Psychology,2003,88(3):413 - 435.

[14] ZHOU J,SHALLEY C. Handbook of organizational creativity[M]. London:Psychology Press,2007.

[15] DESHON R P,KOZLOWSKI S W J,SCHMIDT A M,et al. A multiple-goal,multilevel model of feedback effects on the regulation of individual and team performance[J]. Journal of Applied Psychology,2004,89(6):1035 - 1076.

[16] VAN-DIJK D,KLUGER A N. Task type as a moderator of positive/negative feedback effects on motivation and performance:A regulatory focus perspective[J]. Journal of Organizational Behavior,2011,32(8):1084 - 1105.

[17] BELSCHAK F D,DEN HARTOG D N. Consequences of positive and negative feedback:The impact on emotions and extra-role behaviors[J]. Applied Psychology,2009,58(2):274 - 303.

[18] STEELMAN L A,RUTKOWSKI K A. Moderators of employee reactions to negative feedback[J]. Journal of Managerial Psychology,2004,19(1):6 - 18.

[19] SEYBOLT J W,PAVETT C M. The prediction of effort and performance among hospital professionals:Moderating effects of feedback on expectancy theory formulations[J]. Journal of Occupational Psychology,2011,52(2): 91 - 105.

[20] CIANCI A M,KLEIN H J,SEIJTS G H. The effect of negative feedback on tension and subsequent performance: The main and interactive effects of goal content and conscientiousness[J]. Journal of Applied Psychology, 2010,95(4):618 - 654.

[21] JOO B K,SONG J H,LIM D H,et al. Team creativity:The effects of perceived learning culture, developmental feedback and team cohesion[J]. International Journal of Training and Development,2012,22(3):26 - 48.

[22] BURNS M K,PETERS R,NOELL G H. Using performance feedback to enhance implementation fidelity of the problem-solving team process[J]. Journal of School Psychology,2008,46(5):537 - 550.

[23] KAPLAN N. Some organizational factors affecting creativity[J]. IRE

Transactions on Engineering Management, 1960, 7(1): 24 - 30.

[24] AMABILE T M. From individual creativity to organizational innovation [M]// GRONHAUG K, KAUFMANN G. Innovation: A cross-disciplinary perspective. Norway: Norwegian University Press, 1988.

[25] GABELICA C, SEGERS M, GIJSELAERS W. Feedback, a powerful lever in teams, a review[J]. Educational Research Review, 2011, 32(3): 23 - 56.

[26] MESCH D J, FARH J L, PODSAKOFF P M. Effects of feedback sign on group goal setting, strategies, and performance[J]. Group & Organization Management, 1994, 19(3): 309 - 333.

[27] LANT T K, HURLEY A E. A contingency model of response to performance feedback escalation of commitment and incremental adaptation in resource investment decisions[J]. Group & Organization Management, 1999, 24(4): 421 - 437.

[28] PEARSALL M J, ELLIS A P J, EVANS J M. Unlocking the effects of gender faultlines on team creativity: Is activation the key? [J]. Journal of Applied Psychology, 2008, 93(1): 225 - 245.

[29] SHIN S J, ZHOU J. When is educational specialization heterogeneity related to creativity in research and development teams? transformational leadership as a moderator[J]. Journal of Applied Psychology, 2007, 92(6): 1709 - 1978.

[30] BAER M, OLDHAM G R, JACOBSOHN G C, et al. The personality composition of teams and creativity: The moderating role of team creative confidence[J]. The Journal of Creative Behavior, 2008, 42(4): 255 - 282.

[31] KRATZER J, LEENDERS R T A J, VAN ENGELEN J M L. Team polarity and creative performance in innovation teams[J]. Creativity and Innovation Management, 2006, 15(1): 96 - 104.

[32] ABRIC J C. Experimental study of group creativity: Task representation, group structure, and performance[J]. European Journal of Social Psychology, 1971, 1(3): 311 - 326.

[33] GINO F, TODOROVA G, MIRON-SPEKTOR E, et al. When and why prior task experience fosters team creativity[J]. Research on Managing Groups and Teams, 2009(12): 87 - 110.

[34] BISHOP J W, SCOTT K D. An examination of organizational and team commitment in a self-directed team environment[J]. Journal of Applied Psychology, 2000, 85(3): 439 - 450.

[35] JEHN K A, BEZRUKOVA K. A field study of group diversity, workgroup context, and performance[J]. Journal of Organizational Behavior, 2004, 25(6): 703-729.

[36] GINO F, ARGOTE L, MIRON-SPEKTOR E, et al. First, get your feet wet: The effects of learning from direct and indirect experience on team creativity[J]. Organizational Behavior and Human Decision Processes, 2010, 111(2): 102-115.

[37] FARH J L, LEE C, FARH C I C. Task conflict and team creativity: A question of how much and when[J]. Journal of Applied Psychology, 2010, 95(6): 1173-1342.

[38] CHEN M H. Understanding the benefits and detriments of conflict on team creativity process[J]. Creativity and Innovation Management, 2006, 15(1): 105-116.

[39] RYAN R M. Control and information in the intrapersonal sphere: An extension of cognitive evaluation theory[J]. Journal of personality and social psychology, 1982, 43(3): 450-487.

[40] ZHOU J. Feedback valence, feedback style, task autonomy, and achievement orientation: Interactive effects on creative performance[J]. Journal of Applied Psychology, 1998, 83(2): 261-298.

[41] SOMMER K L, KULKARNI M. Does constructive performance feedback improve citizenship intentions and job satisfaction? The roles of perceived opportunities for advancement, respect, and mood[J]. Human Resource Development Quarterly, 2012, 23(2): 177-201.

[42] LI D, LUO J, HUANG L. A study on the relationship between supervisor's feedback and employees' creativity: The mediating effect of psychological capital[C]. IEEE, 2012: 669-672.

[43] LONDON M, POLZER J T, OMOREGIE H. Interpersonal congruence, transactive memory, and feedback processes: An integrative model of group learning[J]. Human Resource Development Review, 2005, 4(2): 114-135.

[44] VANDER VEGT G S, DE JONG S B, BUNDERSON J S, et al. Power asymmetry and learning in teams: The moderating role of performance feedback[J]. Organization Science, 2010, 21(2): 347-361.

[45] ASHFORD S J, TSUI A S. Self-regulation for managerial effectiveness: The role of active feedback seeking[J]. Academy of Management Journal, 1991, 34(2): 251-280.

[46] KLUGER A N, DENISI A. The effects of feedback interventions on performance: A historical review, a meta-analysis, and a preliminary feedback intervention theory[J]. Psychological bulletin, 1996, 119(2): 254-294.

[47] PHILO J R. An examination of team reactions to negative performance feedback and their relationship to team performance[D]. College Station: Texas A&M University, 2004.

[48] MOHRMAN S A, COHEN S G, MORHMAN JR A M. Designing team-based organizations: New forms for knowledge work[M]. San Francisco: Jossey-Bass, 1995.

[49] WILLIAMS H M, PARKER S K, TURNER N. Proactively performing teams: The role of work design, transformational leadership, and team composition[J]. Journal of Occupational and Organizational Psychology, 2010, 83(2): 301-324.

[50] SALAS E, DICKINSON T L, CONVERSE S A, et al. Toward an understanding of team performance and training[M]. New York: Ablex Publishing, 1992.

[51] CRONIN M A, BEZRUKOVA K, WEINGART L R, et al. Subgroups within a team: The role of cognitive and affective integration[J]. Journal of Organizational Behavior, 2011, 32(6): 831-849.

[52] JACKSON S E, JOSHI A, ERHARDT N L. Recent research on team and organizational diversity: SWOT analysis and implications[J]. Journal of Management, 2003, 29(6): 801-830.

[53] SAAVEDRA R, EARLEY P C, VAN-DYNE L. Complex interdependence in task-performing groups[J]. Journal of Applied Psychology, 1993, 78(1): 61-87.

[54] JOHNSON D W, JOHNSON R T. Instructional goal structure: cooperative, competitive, or individualistic[J]. Review of educational research, 1974, 44(2): 213-240.

[55] TJOSVOLD D. Cooperative and competitive interdependence collaboration between departments to serve customers[J]. Group & Organization Management, 1988, 13(3): 274-289.

[56] JOHNSON D W, JOHNSON R T. Cooperation and competition: Theory and research[M]. Edina: Interaction Book Company, 1989.

[57] BAYAZIT M, MANNIX E A. Should I stay or should I go? Predicting team members' intent to remain in the team[J]. Small Group Research, 2003, 34

(3):290 - 321.

[58] PORTER T W, LILLY B S. The effects of conflict, trust, and task commitment on project team performance[J]. International Journal of Conflict Management, 1996, 7(4):361 - 376.

[59] GRIFFIN-PIERSON S. The competitiveness questionnaire: A measure of two components of competitiveness[J]. Measurement and Evaluation in Counseling and Development, 1990, 23(3):108 - 115.

[60] BECHTOLDT M N, DE-DREU C K W, NIJSTAD B A, et al. Motivated information processing, social tuning, and group creativity[J]. Journal of personality and social psychology, 2010, 99(4):622 - 654.

[61] GONCALO J A, STAW B M. Individualism-collectivism and group creativity [J]. Organizational Behavior and Human Decision Processes, 2006, 100(1): 96 - 109.

[62] WIENER N. Cybernetics: Or control and communication in the animal and the machine[M]. Boston: The MIT Press, 1961.

[63] ILGEN D R, FISHER C D, TAYLOR M S. Consequences of individual feedback on behavior in organizations[J]. Journal of Applied Psychology, 1979, 64(4):349 - 367.

[64] LONDON M, BEATTY R W. 360-degree feedback as a competitive advantage[J]. Human Resource Management, 2006, 32(2 - 3):353 - 372.

[65] LEVY P E, ALBRIGHT M D, CAWLEY B D, et al. Situational and individual determinants of feedback seeking: a closer look at the process[J]. Organizational Behavior and Human Decision Processes, 1995, 62(1):23 - 37.

[66] MCFILLEN J M . The organizing and managing of organizational behavior: A review of first edition organizational behavior texts[J]. The Academy of Management Review, 1985, 10(2):355 - 365.

[67] PITTMAN T S, DAVEY M E, ALAFAT K A, et al. Informational versus controlling verbal rewards[J]. Personality and Social Psychology Bulletin, 1980, 6(2):228 - 233.

[68] SHALLEY C E. Effects of coaction, expected evaluation, and goal setting on creativity and productivity[J]. Academy of Management Journal, 1995, 38(2):483 - 503.

[69] GREENBERG E. Creativity, autonomy, and evaluation of creative work: Artistic workers in organizations[J]. The Journal of Creative Behavior, 1992, 26(2):75 - 80.

[70] AMABILE T, AMABILE T M. The social psychology of creativity[M]. New York: Springer, 1983.

[71] PIROLA-MERLO A, MANN L. The relationship between individual creativity and team creativity: Aggregating across people and time[J]. Journal of Organizational Behavior, 2004, 25(2): 235 - 257.

[72] TAGGAR S. Individual creativity and group ability to utilize individual creative resources: A multilevel model[J]. Academy of Management Journal, 2002, 45(2): 315 - 330.

[73] BROWN V R, PAULUS P B. Making group brainstorming more effective: Recommendations from an associative memory perspective[J]. Current Directions in Psychological Science, 2002, 11(6): 208 - 212.

[74] KRATZER J, GEMUENDEN H G, LETTL C. Balancing creativity and time efficiency in multi-team R&D projects: The alignment of formal and informal networks[J]. R&d Management, 2008, 38(5): 538 - 549.

[75] DE-DREU C K W, NIJSTAD B A, VAN-KNIPPENBERG D. Motivated information processing in group judgment and decision making[J]. Personality and Social Psychology Review, 2008, 12(1): 22 - 49.

[76] IM S, WORKMAN-JR J P. Market orientation, creativity, and new product performance in high-technology firms[J]. Journal of Marketing, 2004(15): 114 - 132.

[77] CHALOS P, PICKARD S. Information choice and cue use: An experiment in group information processing[J]. Journal of Applied Psychology, 1985, 70(4): 634 - 687.

[78] DE-DREU C K W, NIJSTAD B A, BECHTOLDT M N, et al. Group creativity and innovation: A motivated information processing perspective[J]. Psychology of Aesthetics, Creativity, and the Arts, 2011, 5(1): 81 - 108.

[79] SCHOLTEN L, VAN-KNIPPENBERG D, NIJSTAD B A, et al. Motivated information processing and group decision-making: Effects of process accountability on information processing and decision quality[J]. Journal of Experimental Social Psychology, 2007, 43(4): 539 - 552.

[80] DE-DREU C K W, BEERSMA B, STROEBE K, et al. Motivated information processing, strategic choice, and the quality of negotiated agreement [J]. Journal of Personality and Social Psychology, 2006, 90(6): 927 - 965.

[81] KOZLOWSKI S W J, BELL B S. Work groups and teams in organizations [J]. Handbook of Psychology, 2003, 42(3): 39 - 62.

[82] KOZLOWSKI S W J, KLEIN K J. A multilevel approach to theory and research in organizations: Contextual, temporal, and emergent processes[J]. Journal of Personality and Social Psychology, 2000, 18(5): 12 - 52.

[83] BANDURA A. Social cognitive theory of self-regulation[J]. Organizational Behavior and Human Decision Processes, 1991, 50(2): 248 - 287.

[84] BANDURA A. Exercise of human agency through collective efficacy[J]. Current Directions in Psychological Science, 2000, 9(3): 75 - 78.

[85] FORD C M. A theory of individual creative action in multiple social domains[J]. Academy of Management Review, 1996(8): 1112 - 1142.

[86] BANDURA A, CERVONE D. Self-evaluative and self-efficacy mechanisms governing the motivational effects of goal systems[J]. Journal of Personality and Social Psychology, 1983, 45(5): 1017 - 1056.

[87] BROWN R B. Organizational commitment: Clarifying the concept and simplifying the existing construct typology[J]. Journal of Vocational Behavior, 1996, 16(2): 23 - 46.

[88] BANDURA A. Self-efficacy mechanism in human agency[J]. American psychologist, 1982, 37(2): 122 - 156.

[89] BANDURA A, BARBARANELLI C, CAPRARA G V, et al. Mechanisms of moral disengagement in the exercise of moral agency[J]. Journal of Personality and Social Psychology, 1996, 71(2): 364 - 412.

[90] ABRAMSON L Y, SELIGMAN M E, TEASDALE J D. Learned helplessness in humans: Critique and reformulation[J]. Journal of Abnormal Psychology, 1978, 87(1): 49 - 67.

[91] GRAHAM S, WEINER B. Theories and principles of motivation[M]. New Jersey: Prentice Hall, 1996.

[92] BANDURA A. Self-efficacy: Toward a unifying theory of behavioral change [J]. Psychological Review, 1977, 84(2): 191 - 234.

[93] VANDER-VEGT G S, JANSSEN O. Joint impact of interdependence and group diversity on innovation[J]. Journal of Management, 2003, 29(5): 729 - 751.

[94] HERTEL G, KONRADT U, ORLIKOWSKI B. Managing distance by interdependence: Goal setting, task interdependence, and team-based rewards in virtual teams[J]. European Journal of Work and Organizational Psychology, 2004, 13(1): 1 - 28.

[95] ALPER S, TJOSVOLD D, LAW K S. Interdependence and controversy in

group decision making: Antecedents to effective self-managing teams[J]. Organizational Behavior and Human Decision Processes, 1998, 74 (1): 33 - 52.

[96] 耿紫珍,刘新梅,沈力. 合作目标促进科研团队创造力的机理研究[J]. 科研管理,2012,33(8):113 - 119.

[97] JANSSEN O, VAN-DE-VLIERT E, VEENSTRA C. How task and person conflict shape the role of positive interdependence in management teams[J]. Journal of Management, 1999, 25(2):117 - 141.

[98] KOFFKA K. Perception: An introduction to the Gestalt-theorie[J]. Psychological bulletin, 1922, 19(10):531 - 585.

[99] LEWIN K. Field theory and experiment in social psychology: concepts and methods[J]. American Journal of Sociology, 1939(11):868 - 896.

[100] DEUTSCH K W. The analysis of international relations[M]. New Jersey: Prentice-Hall, 1968.

[101] KUHNEN C M, TYMULA A. Feedback, self-Esteem, and performance in organizations[J]. Management Science, 2012, 58(1):94 - 113.

[102] NAWAZ N, JAHANIAN A, MANZOOR S W. Critical elements of the constructive performancefeedback: An integrated model [J]. European Journal of Business and Management, 2012, 4(7):76 - 84.

[103] NESBIT P L. The role of self-reflection, emotional management of feedback, and self-regulation processes in self-directed leadership development [J]. Human Resource Development Review, 2012, 11(2):203 - 226.

[104] ILIES R, JUDGE T A. Goal regulation across time: The effects of feedback and affect[J]. Journal of Applied Psychology, 2005, 90(3):453 - 478.

[105] NEASE A J A, MUDGETT B O, QUINONES M A. Relationships among feedback sign, self-efficacy, and acceptance of performance feedback[J]. Journal of Applied Psychology, 1999, 84(5):806 - 834.

[106] LEUNG K, SU S, MORRIS M W. When is criticism not constructive? The roles of fairness perceptions and dispositional attributions in employee acceptance of critical supervisory feedback[J]. Human Relations, 2001, 54 (9):1155 - 1187.

[107] WALDERSEE R, LUTHANS F. The impact of positive and corrective feedback on customer service performance[J]. Journal of Organizational Behavior, 1994, 15(1):83 - 95.

[108] FÖRSTER J, GRANT H, IDSON L C, et al. Success/failure feedback, ex-

pectancies, and approach/avoidance motivation: How regulatory focus moderates classic relations[J]. Journal of Experimental Social Psychology, 2001, 37(3): 253 - 260.

[109] BERKOWITZ L, LEVY B I. Pride in group performance and group-task motivation[J]. The Journal of Abnormal and Social Psychology, 1956, 53(3): 300 - 342.

[110] JENTSCH F, NAVARRO G, BRAUN C, et al. Automated feedback in teams: Trading individual for team performance[J]. Journal of Organizational Behavior, 1994, 34(2): 69 - 73.

[111] ZAJONC R B. The effects of feedback and probability of group success on individual and group performance[J]. Human Relations, 1962, 27(5): 43 - 64.

[112] VARCA P E, LEVY J C. Individual differences in response to unfavorable group feedback [J]. Organizational behavior and human performance, 1984, 33(1): 100 - 111.

[113] GEAR T E, MARSH N R, SERGENT P. Semi-automated feedback and team behavior[J]. Human Relations, 1985, 38(8): 707 - 721.

[114] CROSON R T A. Feedback in voluntary contribution mechanisms: An experiment in team production[M]. Phiadelphia: Wharton Risk Management and Decision Processes Center, 1995.

[115] AVERY J F. The influence of positive and negative normative feedback on the development and persistence of group routines[J]. Journal of Organizational Behavior, 1996, 43(5): 18 - 45.

[116] PETERSON R S, BEHFAR K J. The dynamic relationship between performance feedback, trust, and conflict in groups: A longitudinal study[J]. Organizational Behavior and Human Decision Processes, 2003, 92(1): 102 - 112.

[117] JABRI M. Team feedback based on dialogue: Implications for change management[J]. Journal of Management Development, 2004, 23(2): 141 - 151.

[118] PASSOS A M, CAETANO A. Exploring the effects of intragroup conflict and past performance feedback on team effectiveness[J]. Journal of Managerial Psychology, 2005, 20(3/4): 231 - 244.

[119] GEISTER S, KONRADT U, HERTEL G. Effects of process feedback on motivation, satisfaction, and performance in virtual teams[J]. Small Group Research, 2006, 37(5): 459 - 489.

[120] BARR S H, CONLON E J. Effects of distribution of feedback in work

groups[J]. Academy of Management Journal,1994,37(3):641 - 655.
[121] DE-JONG S B,VANDER-VEGT G S,MOLLEMAN E. The relationships among asymmetry in task dependence, perceived helping behavior, and trust[J]. Journal of Applied Psychology,2007,92(6):1625 - 1664.
[122] VISSCHER H. Internal feedback and team performance: An empirical (survey)study into the relationship of internal(co-worker)feedback with team performance,with conflict and trust as mediating factors,and a comparison between the feedback environment for internal-and external feedback[J]. Academy of Management Journal,2008,32(4):26 - 74.
[123] ASTWOOD-JR R S. Effective timing of feedback during scenario based team training within a simulated environment[D]. Florida: University of Central Florida Orlando,2009.
[124] QUIGLEY N R. The relationship between leader core self-evaluations, team feedback, leader efficacy, transformational leadership, team efficacy, team goals, team action and transition processes, and team performance[J]. Academy of Management Journal,2003,13(4):16 - 43.
[125] KEMP C,WOOD G,CRACRAFT M,et al. Effects of variability and feedback on team adaptability training[J]. Journal of Managerial Psychology, 2004(86):554 - 598.
[126] GEORGIEV G V,NAGAI Y. The taste of criticism: Enhancing feedback for creativity[C]. ACM,2011:337 - 338.
[127] CARVER C S,SCHEIER M. Attention and self-regulation: A control-theory approach to human behavior[M]. New York: Springer,1981.
[128] CARVER C S,SCHEIER M F. Origins and functions of positive and negative affect: A control-process view[J]. Psychological Review,1990,97(1): 19 - 54.
[129] BAUMEISTER R F,HEATHERTON T F,TICE D M. Losing control: How and why people fail at self-regulation[M]. New York: Academic Press,1994.
[130] PAULUS P B,NIJSTAD B A. Group creativity: Innovation through collaboration[M]. Oxford: Oxford University Press,2003.
[131] GONG Y,KIM T Y,ZHU J,et al. A multilevel model of team goal orientation, information exchange, and creativity[J]. Academy of Management Journal,2012,17(5):26 - 65.
[132] DE-DREU C K W,NIJSTAD B A. Mental set and creative thought in

social conflict: Threat rigidity versus motivated focus[J]. Journal of Personality and Social Psychology, 2008, 95(3): 648 - 676.

[133] TJOSVOLD D, TANG M M L, WEST M. Reflexivity for team innovation in China: The contribution of goal interdependence[J]. Group & Organization Management, 2004, 29(5): 540 - 559.

[134] CHEN N Y, TJOSVOLD D, HUANG X, et al. Newcomer socialization in China: Effects of team values and goal interdependence[J]. The International Journal of Human Resource Management, 2011, 22(16): 3317 - 3337.

[135] CHEN N Y F, LU J, TJOSVOLD D, et al. Effects of team goal interdependence on newcomer socialization: An experiment in China1[J]. Journal of Applied Social Psychology, 2008, 38(1): 198 - 214.

[136] HUI C, LAW K S, CHEN N Y F, et al. The role of co-operation and competition on leader-member exchange and extra-role performance in China [J]. Asia Pacific Journal of Human Resources, 2008, 46(2): 133 - 152.

[137] YIFENG N C, TJOSVOLD D. Goal interdependence and leader-member relationship for cross-cultural leadership in foreign ventures in China[J]. Leadership & Organization Development Journal, 2008, 29(2): 144 - 166.

[138] BANTEL K A, JACKSON S E. Top management and innovations in banking: Does the composition of the top team make a difference? [J]. Strategic Management Journal, 1989, 10(5): 107 - 124.

[139] EISENHARDT K M, SCHOONHOVEN C B. Organizational growth: Linking founding team, strategy, environment, and growth among US semiconductor ventures, 1978—1988 [J]. Administrative Science Quarterly, 1990, 35(3): 504 - 529.

[140] DE-DREU C K W, BEERSMA B. Team confidence, motivated information processing, and dynamic group decision making[J]. European Journal of Social Psychology, 2010, 40(7): 1110 - 1119.

[141] GONCALO J A, KRAUSE V. Being different or being better: Disentangling the effects of independence and competition on group creativity[J]. Advances in Group Processes, 2010(27): 129 - 157.

[142] TROYER L, YOUNGREEN R. Conflict and creativity in groups[J]. Journal of Social Issues, 2009, 65(2): 409 - 427.

[143] DRACH-ZAHAVY A. Interorganizational teams as boundary spanners: The role of team diversity, boundedness, and extrateam links[J]. European Journal of Work and Organizational Psychology, 2011, 20(1): 89 - 118.

[144] HüTTER M,DIEHL M. Motivation losses in teamwork: The effects of team diversity and equity sensitivity on reactions to free-riding[J]. Group Processes & Intergroup Relations,2011,14(6):845 - 856.

[145] ZHANG A Y,TSUI A S,WANG D X. Leadership behaviors and group creativity in Chinese organizations: The role of group processes[J]. The Leadership Quarterly,2011,22(5):851 - 862.

[146] GONCALO J A,DUGUID M M. Follow the crowd in a new direction: When conformity pressure facilitates group creativity (and when it does not)[J]. Organizational Behavior and Human Decision Processes,2012,16(4):23 - 50.

[147] BANDURA A. Personal and collective efficacy in human adaptation and change[J]. Advances in Psychological Science,1998(1):51 - 71.

[148] Goldsmith R E,MATHERLY T A. Adaption-innovation and creativity: A replication and extension[J]. British Journal of Social Psychology,2011,26(1):79 - 82.

[149] GRANT A M,BERRY J W. The necessity of others is the mother of invention: Intrinsic and prosocial motivations, perspective taking, and creativity[J]. Academy of Management Journal,2011,54(1):73 - 96.

[150] WEST M A. Sparkling fountains or stagnant ponds: An integrative model of creativity and innovation implementation in work groups[J]. Applied Psychology,2002,51(3):355 - 387.

[151] LIU J, LIU X, ZENG X. Does transactional leadership count for team innovativeness?: The moderating role of emotional labor and the mediating role of team efficacy[J]. Journal of Organizational Change Management,2011,24(3):282 - 298.

[152] LAM S S K,SCHAUBROECK J. Information sharing and group efficacy influences on communication and decision quality[J]. Asia Pacific Journal of Management,2011,28(3):509 - 528.

[153] GULLY S M,INCALCATERRA K A,JOSHI A,et al. A meta-analysis of team-efficacy, potency, and performance: Interdependence and level of analysis as moderators of observed relationships[J]. Journal of Applied Psychology,2002,87(5):819.

[154] 隋杨,陈云云,王辉. 创新氛围,创新效能感与团队创新:团队领导的调节作用[J]. 心理学报,2012,44(2):237 - 248.

[155] DE-DREU C K W. Cooperative outcome interdependence, task reflexivity,

and team effectiveness: A motivated information processing perspective [J]. Journal of Applied Psychology,2007,92(3):628 - 654.

[156] DRISKELL J E,RADTKE P H,SALAS E. Virtual teams:Effects of technological mediation on team performance[J]. Group Dynamics: Theory, Research,and Practice,2003,7(4):297 - 321.

[157] LEPINE J A,PICCOLO R F,JACKSON C L,et al. A meta-analysis of teamwork processes:Tests of a multidimensional model and relationships with team effectiveness criteria[J]. Personnel Psychology,2008,61(2): 273 - 307.

[158] OOI H Y. Transformational leadership and organizational innovation:A study of mncs in Malaysia [D]. Penang: University of Science, Malaysia,2009.

[159] ROSETH C J,JOHNSON D W,JOHNSON R T. Promoting early adolescents' achievement and peer relationships:The effects of cooperative,competitive,and individualistic goal structures[J]. Psychological Bulletin, 2008,134(2):223 - 245.

[160] CHEN G,TJOSVOLD D. Shared rewards and goal interdependence for psychological safety among departments in China[J]. Asia Pacific Journal of Management,2012,29(2):433 - 452.

[161] WANG Z,CHEN Y N,TJOSVOLD D,et al. Cooperative goals and team agreeableness composition for constructive controversy in China[J]. Asia Pacific Journal of Management,2010,27(1):139 - 153.

[162] CHEN C C,CHEN X P,MEINDL J R. How can cooperation be fostered? The cultural effects of individualism-collectivism[J]. Academy of Management Review,1998,23(2):285 - 304.

[163] STAW B M. The escalation of commitment to a course of action[J]. Academy of Management Review,1981,6(4):577 - 587.

[164] WONG A,TJOSVOLD D,LIU C. Innovation by teams in Shanghai,China:cooperative goals for group confidence and persistence[J]. British Journal of Management,2009,20(2):238 - 251.

[165] TJOSVOLD D,PENG A C,CHEN Y F,et al. Business and government interdependence in China: Cooperative goals to develop industries and the marketplace[J]. Asia Pacific Journal of Management,2008,25(2): 225 - 249.

[166] MITCHELL T R,SILVER W S. Individual and group goals when workers

are interdependent: Effects on task strategies and performance[J]. Journal of Applied Psychology, 1990, 75(2): 185 - 231.

[167] TIERNEY P, FARMER S M. Creative self-efficacy: Its potential antecedents and relationship to creative performance[J]. Academy of Management Journal, 2002, 45(6): 1137 - 1148.

[168] EARLEY P C, LIND E A. Procedural justice and participation in task selection: The role of control in mediating justice judgments[J]. Journal of Personality and Social Psychology, 1987, 52(6): 1148 - 1324.

[169] AMABILE T M, CONTI R, COON H, et al. Assessing the work environment for creativity[J]. Academy of Management Journal, 1996, 39(5): 1154 - 1184.

[170] AMABILE T M, GRYSKIEWICZ N D. The creative environment scales: Work environment inventory[J]. Creativity Research Journal, 1989, 2(4): 231 - 253.

[171] BARON R M, KENNY D A. The moderator-mediator variable distinction in social psychological research: Conceptual, strategic, and statistical considerations[J]. Journal of Personality and Social Psychology, 1986, 51(6): 1173 - 1432.

[172] JAMES L R, DEMAREE R G, WOLF G. Rwg: An assessment of within-group interrater agreement[J]. Journal of Applied Psychology, 1993, 78(2): 306 - 334.

[173] BLIESE P D, HALVERSON R R. Group size and measures of group-level properties: An examination of eta-squared and ICC values[J]. Journal of Management, 1998, 24(2): 157 - 172.

[174] NUNNALLY J. Psychometric methods[M]. New York: McGraw-Hill, 1978.

[175] FORNELL C, LARCKER D F. Evaluating structural equation models with unobservable variables and measurement error[J]. Journal of Marketing Research, 1981, 18(1): 39 - 50.

[176] PREACHER K J, HAYES A F. Asymptotic and resampling strategies for assessing and comparing indirect effects in multiple mediator models[J]. Behavior research methods, 2008, 40(3): 879 - 891.

[177] MULLER D, JUDD C M, YZERBYT V Y. When moderation is mediated and mediation is moderated[J]. Journal of Personality and Social Psychology, 2005, 89(6): 852.

[178] CHEN M H, CHANG Y C, HUNG S C. Social capital and creativity in

R&D project teams[J]. R&D Management, 2007, 38(1): 21 - 34.

[179] KRATZER J, LEENDERS R T A J, VAN-ENGELEN J M L. Managing creative team performance in virtual environments: An empirical study in 44 R&D teams[J]. Technovation, 2006, 26(1): 42 - 49.

[180] CHENG H H, YANG H L. Student team projects in information systems development: Measuring collective creative efficacy[J]. Australasian Journal of Educational Technology, 2011, 27(6): 881 - 895.

[181] REYNOLDS P. Psychological ownership: A study of autonomy and the nature of its association with task commitment[D]. Durham: University of Durham, 1973.